Gordon Ramsay
Un chef para todo el año

con Roz Denny

fotografías de Georgia Glynn Smith

 Planeta

Para mis tres estrellitas - Megan, Jack y Holly.

Y que al crecer, lleguen a amar la comida tanto como yo.

Página 2: Ensalada tiède *de clavitos, mejillones y crosnes (receta en la página 128)*

Título original: *A Chef for All Seasons*
Traducción: Sonia Verjovsky

Publicado originalmente por Quadrille Publishing Limited.
Primera edición: 2000

© 2000, Gordon Ramsay, por el texto
© 2000, Georgia Glynn Smith, por la fotografía
© 2000, Quadrille Publishing Ltd, por el diseño y *layout*

Derechos exclusivos en español para México, Centroamérica y el Caribe
mediante acuerdo con Quadrille Publishing Limited.

© 2009, Editorial Planeta Mexicana, S.A. de C.V.
Avenida Presidente Masarik núm. 111, 2° piso
Colonia Chapultepec Morales
C.P. 11570 México, D.F.
www.editorialplaneta.com.mx

Primera edición: febrero de 2010
ISBN: 978-607-07-0285-3

Corrección técnica: Ruth García-Lago y el chef Pedro Martín
Formación tipográfica: THE TYPE

CRÉDITOS DE LA EDICIÓN ORIGINAL:
Directora editorial: Anne Furniss
Asesora en dirección de arte: Helen Lewis
Editora del proyecto: Norma MacMillan
Asistente de diseño: Jim Smith
Asistente editorial: Helen Desmond
Producción: Julie Hadingham

Impreso y encuadernado en China por 1010 Printing

índice

Introducción

Cuando de comida se trata, soy un hombre de muchos temperamentos, definidos tanto por lo que me rodea como por lo que sucede afuera. Estoy en constante movimiento y casi nunca estoy quieto; hay tanto por descubrir, degustar y probar. El éxito de nuestros menús depende del equilibrio entre los platos más populares y la experimentación con nuevos sabores e ideas, para poder ir siempre un poco más allá. A nuestros clientes les reconforta ver la perfección de nuestras habilidades, pero la creatividad constante es lo que los hace volver por más.

Por eso cuando hablo con mis chefs sobre los menús hasta las altas horas de la madrugada después de terminar el servicio, tomamos en cuenta qué productos frescos están en su punto para aprovecharlos en todo su esplendor. Nuestras decisiones no sólo se basan en la calidad de los ingredientes, sino en la temporada del año: no tiene ningún sentido preparar un estofado espeso y aromático a base de carne de caza para un menú de verano, pues es justo el momento en que los clientes prefieren un plato ligero, y ése seguiría siendo el caso incluso si pudiéramos importar carne de caza perfecta fuera de temporada desde el otro lado del mundo.

Gracias al transporte aéreo refrigerado que hoy tenemos al alcance, se han borrado las barreras estacionales. Sin embargo, esas novedades no me interesan; no pienso utilizar frutas y verduras fuera de temporada, traídas desde el otro hemisferio, a menos que sean tan buenas y frescas como las locales. Algunas son imposibles de cultivar en otra zona horaria, y su escasez me hace apreciarlas aún más cuando toman un papel central en mi cocina. Dicen que un buen chef es tan bueno como el equipo que lo apoya (sí, sí, definitivamente), pero todo empieza con los buenos proveedores y productores. Les estoy eternamente agradecido a los míos, pues comparten mi pasión y entusiasmo por la buena comida.

Este libro reúne recetas que utilizan los alimentos de temporada cuando están en su punto, pero también hay platillos apropiados para cada estación, con ingredientes que se pueden encontrar casi todo el año. La mayoría de las que incluyo aquí son bastante sencillas de preparar y cocinar, cuando los alimentos se encuentran en su mejor momento estacional y de distribución son mejores si se cocinan de manera simple. Cada estación comienza con mis reflexiones personales sobre la comida que más asocio con esa época del año. Además incluyo algunas ideas que me han funcionado muy bien para combinar sabores, colores y consistencias. Quizás le sorprendan algunas de mis sugerencias, pero espero que su inclusión le anime a probarlas.

Chelsea, Londres.

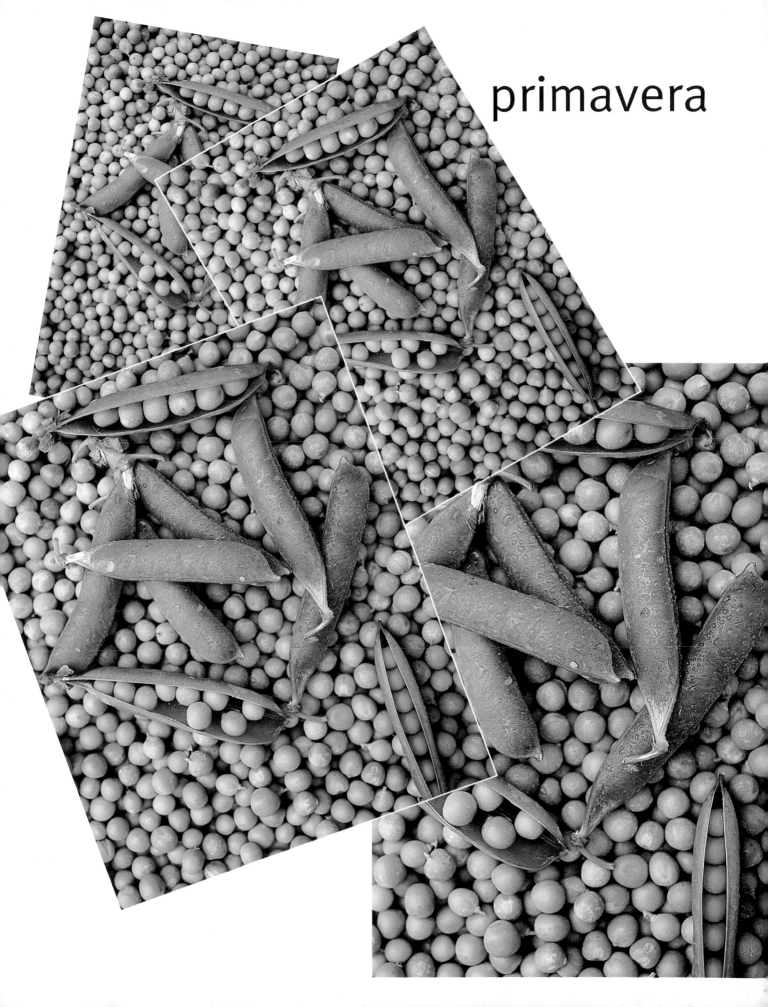

primavera

La primavera comienza en mi cocina alrededor de marzo. Podrán soplar todavía los vientos gélidos afuera, pero nos animamos cuando los proveedores comienzan a traer manjares desde el cálido sur de Francia. Los días se alargan, y en la cocina del restaurante nos entusiasmamos al anticipar lo mejor de las frutas y verduras de la nueva temporada.

Casi los primeros en llegar son los **chícharos** dulces en su vaina. Están tan tiernos que sencillamente se puede abrir la vaina y sacar los chicharitos para comérselos crudos. A las amas de casa francesas les gusta cocinar los chícharos con todo y vaina, ya que son delicadas y están llenas de sabor. Siento un cariño particular por los chícharos, porque fueron las primeras verduras que me permitieron preparar en una cocina parisina cuando me ascendieron de la estación de sorbetes a la de preparación de verduras. ¡La había hecho en grande! Los chícharos quedan muy bien con el pescado; preparo un puré con los más grandes en una salsa *velouté* de pescado. No me fascinan los chícharos fríos, aunque recuerdo haber disfrutado alguna vez en París una vinagreta de chícharo con langosta fría.

En la época de la *nouvelle cuisine* acusaban a muchos chefs británicos de usar **zanahorias** *baby* (y otros vegetales *baby*) sólo para decorar. Esta crítica persiguió a muchos, pero ahora las zanahorias jóvenes no se quedan atrás y están otra vez de moda. Hay zanahorias por lo menos seis meses al año; aparecen en la primavera, y se pueden conseguir unas excelentes, bien derechas y llenas de sabor. Únicamente las raspamos y las cocinamos ligeramente en mantequilla, con un chorrito de agua. Quedan fabulosas con el cordero de primavera, pero pruébelas también con filete de bacalao estofado, o córtelas en juliana y sírvalas como un 'spaghetti' vegetal. Otra idea es cocerlas ligeramente y después marinarlas en vinagreta para servirlas frías.

Para mí, el Rolls Royce de las verduras de primavera son las *baby fèves,* o habas. En Francia las usan como un suntuoso adorno o las cocinan de la misma manera que los chícharos tiernos, en su vaina para la sopa. En Jamin, el restaurante parisino de Joël Robuchon, todos los días pasaba horas preparando habas para el fantástico y ligero 'capuchino' de habas con langostas pequeñas, una de las entradas favoritas de primavera en su menú. También las he comido como ensalada tibia con sepia a la plancha. Las habas tienen un delicioso sabor rústico y quedan bien en muchos platillos campiranos, como los ñoquis de papa o en una ensalada con ricota. Juntos, los chícharos y las habas hacen un buen platillo, y se complementan en todos los sentidos: uno es dulce y tierno, la otra más robusta y de consistencia más 'carnosa'. Hacen buena pareja.

En las mejores cocinas, la espinaca *baby* goza de mucho estatus, pero algunos aprendices de chefs cometen el error de hervir las jóvenes y delicadas hojas y exprimirles la vida. Si mis jóvenes asistentes me quieren complacer, sólo sacan las hojas magulladas y revisan que no se haya colado alguna mala hierba. Cuando se trata de espinaca *baby*, muchas cosas no se deben hacer: no hay que arrancarle los tallos, no hay que lavarla con rudeza, no hay que aplastarla en un secador de lechugas, no hay que hervirla cubierta de agua y, por favor, jamás hay que exprimir ni picar las hojas cocinadas. La mejor espinaca *baby* llega en la primavera; sencillamente la aderezamos con vinagreta o la cocinamos con sólo una cucharada de agua y un trozo de mantequilla. A veces es

tan delicada que es suficiente si ponemos un pequeño montón de hojas frescas encima de un plato muy caliente; se hacen al instante, y es la única cocción que necesitan.

Otra verdura que estoy usando cada vez más en mi cocina es el pak choi, una bonita col china con tallos que parecen acelgas y un sabor que combina gloriosamente la espinaca y la alcachofa. Nuestros suministros llegan al final de la primavera y hasta bien entrado el verano. A las pequeñas las cocinamos enteras, una por porción. Como verdura hacen una excelente presentación en combinación con *poussin* asado, pez de San Pedro a la plancha o salmón escalfado. El pak choi también es ideal para preparar un salteado de verduras, pues se cocina en segundos en un wok caliente.

Si las habas son el Rolls Royce de los ingredientes primaverales, entonces diría que el espárrago blanco es como un Ferrari cuando hace una prueba de carretera, porque desaparece rapidísimo. Hasta las trufas blancas tiene una estación más larga. Me emociono mucho cuando llega a las cocinas. Con su forma de puro cubano y color blanco perlado, tienen un sabor tierno y delicado, mucho más suave al paladar que el espárrago verde, que es más robusto. Los tallos necesitan pelarse sólo un poquito. Nosotros servimos el espárrago blanco entero, con frecuencia aderezado sólo con vinagreta. Los estadounidenses se vuelven locos por ellos, y los franceses los adoran con pollo (*poulet de Bresse*, por supuesto) y hongo morilla salteado.

El espárrago verde, en cambio, dura más tiempo en temporada y es particularmente bueno como guarnición para los platos principales. Los tallos son con frecuencia más leñosos que los brotes blancos, porque tienen un menor contenido de agua, así que pelamos prácticamente todo, casi hasta la punta. Nuestra forma típica de prepararlos es blanqueándolos y refrescándolos; luego

los recalentamos en un poco de agua con mantequilla justo antes de servirlos.

Hay dos variedades más de espárragos: unos son los silvestres, delgadísimos y difíciles de encontrar, y el increíblemente hermoso espárrago de agua (salicornia), que tiene un delicado color verde primaveral, con puntas como gavillas miniaturas de trigo. Sabe estupendo con los platillos de pescado.

Las verduras de raíz y los tubérculos ocupan un lugar especial en nuestro repertorio culinario. Entre las favoritas están las alcachofas de Jerusalén; aunque están disponibles todo el año, nos gusta usarlas a principios de la primavera. A pesar del nombre, no tienen ninguna relación botánica con las alcachofas globo ni tienen nada que ver con la Ciudad Santa. Parece ser que el nombre de alguna manera viene de la palabra italiana para girasol —*girasole*—, como se llamaba cuando la llevaron de Europa a América del Norte. Las alcachofas de Jerusalén y las globo se popularizaron en Europa gracias a los franceses, quienes las siguen usando de muchas maneras distintas. Las alcachofas de Jerusalén sólo se tienen que pelar un poco (por suerte, ya que tienen muchos nudos, como la jugosa raíz del jengibre fresco) y tienen una consistencia generosa y aterciopelada al cocinarse. Esto lo aprovechamos para preparar sopas sublimemente suaves. Después de blanquearlas y saltearlas en un poco de mantequilla, las raíces toman un color hermoso.

La primavera marca la llegada —o por lo menos para mí— del hongo por excelencia: el morilla. Debo tener gustos caros, porque todos mis ingredientes favoritos (la trufa blanca, el espárrago blanco y el hongo morilla) tienen una temporada muy breve y se resisten al cultivo intensivo, sin importar los esfuerzos de los astutos jardineros. Los morilla frescos aparecen sólo de cuatro a seis semanas. Tienen una forma muy extraña: parecen sombreros cafés, lanudos y esponjosos. Estos hongos son bastante complicados de limpiar y hay que tallarlos ligeramente (como las trufas blancas) y darles una veloz enjuagada. Nosotros rellenamos los grandes con *mousse* de pollo y usamos los más pequeños en salsas. Y, como es obvio, disfruto comerlos con espárrago blanco, aderezados simplemente con vinagreta o mantequilla derretida.

Entre marzo y abril, mi proveedor, Mark Bourget, me trae el **ajo** de la nueva temporada que consigue en las montañas del norte de Italia. No debe confundirse con el ajo silvestre, pues este último tiene cabezas más pequeñas que el ajo normal y tiene un sabor más dulce. Pero aún así domina su acrimonia y puede matar los demás sabores en un platillo. Puedes domar este sabor si blanqueas los dientes varias veces en agua hirviendo. En esta estación, las hojas del ajo –ligeramente parecidas a las hojas de menta– se pueden cortar en tiras para servirlas en *risotto* o en platillos de res y cordero, o con pescados robustos como el lenguado. Me gusta confitar los dientes de ajo en grasa de ganso, sin pelarlos, y después freírlos hasta que la piel se vuelva crujiente.

Usamos mucho **perejil**, tanto el plano como el rizado. El de hoja rizada tiene un sabor muy pronunciado, que se suaviza al blanquearlo en agua hirviendo. Eso intensifica su glorioso color verde oscuro. Una vez que se refresca el perejil blanqueado en agua helada, lo exprimimos para que quede seco y después lo hacemos puré. Este puré de perejil se mezcla con una papa cremosa, se bate en salsas para usar con pescado y ostión, y hasta se utiliza como un espesante ligero. El perejil de hoja plana es ideal como decoración, ya que tiene el placentero efecto de limpiar el paladar. No debe picarse demasiado finamente, ya que se magulla con facilidad. Hace poco empezamos a servirlo con sardinas en vinagreta, y también freímos ramilletes para adornar el pescado.

A veces acusan a los chefs de haber popularizado tanto el bacalao que, como resultado, este pez está en peligro de desaparecer por tanta demanda. Pero aunque amo el bacalao, también me gustan otros pescados blancos. Uno es la **pescadilla** (es el favorito de mi mamá y muy popular en Escocia). La carne se deshace y está llena de sabores, con la fuerza del bacalao pero consistencia más suave, lo que lo vuelve perfecto para una brandada. La pescadilla está en su mejor punto en la primavera, cuando es bastante fácil de encontrar. Su carne es muy suave sin ser aguada. Y más vale que no hable más, para que no se vuelva tan popular que el precio comience a subir poco a poco.

En inglés, al **pollo de primavera** o pollito de leche ahora le dicen *poussin*. Tengo la sospecha de que algo tiene que ver con la legislación de la Unión Europea y que el nombre se cambió porque ya se encuentra todo el año. (Lo mismo ocurrió con las cebollitas, que en inglés se llamaban 'cebollas de primavera' pero ahora son cebollas de 'ensalada'). Para mí, esos pollos pequeñitos tienen el tamaño ideal para un menú ligero primaveral, y me apego al nombre original. Las provisiones de pollo de primavera casi desaparecieron hace unos diez años, pero ahora son bastante fáciles de conseguir. Nos hemos dado cuenta que muchos prefieren comerlos en el almuerzo y no en la cena, quizás porque parecen más ligeros. Mi método preferido de cocción es el que los franceses llaman *poché-grillé*: primero escalfamos las aves en un caldo para cocinarlas a medias, después quitamos las pechugas y las patas y las asamos en un sartén. De esta forma la carne no pierde su suculencia, y resaltamos el sabor al dorarla en un sartén caliente.

Cuando se trata de cocinar carne, la primavera es la temporada del **cordero** nuevo. De alguna manera, las carnes más pesadas –como la res, la de caza y hasta cierto punto el cerdo– no parecen apropiadas

para la época del año, pero el cordero se antoja. Es tierno, suave y de sabor delicado, y el exterior se cocina en un abrir y cerrar de ojos, transformándose en un sabor generoso y caramelizado, casi como de barbacoa. Para mi gusto, casi todo el mejor cordero es británico. Nos abastecen de varias zonas, según la estación. Prefiero el cordero escocés y el galés en la primavera y, cuando es posible, uso lechal. En el otoño me gusta conseguir cordero de los Pirineos, donde lo crían en un estado prácticamente salvaje; más tarde en la estación obtiene un sabor más parecido a la carne de caza, como el jabalí. De todas las carnes, la de cordero es la más versátil: usamos las patitas, los centros de lomo (que son especialmente populares entre nuestros clientes), las chuletas de pescuezo y también las piernas para estofar.

Tengo que confesar que soy un devoto de la **Granny Smith**, por ser una manzana balanceada –dulce y ácida, con una consistencia firme y jugosa– y riquísima, ya sea cruda o cocida. La usamos en muchos postres: en el *parfait* helado, en la ensalada de fruta y como un *jus* dulce para nuestro postre distintivo, la *crème brûlée*, prensando la fruta al último momento para hacer una salsa sencilla. Y eso no es todo: con remojar rebanadas finísimas en almíbar y dejarlas secar toda la noche, las Granny Smith hacen excelentes galletas *tuile* (y sin grasa). ¡No existe un ingrediente más versátil!

A finales de la primavera comienzan a aparecer los **chabacanos** pequeños y fragantes de piel rosada en las listas de nuestros proveedores. Los chabacanos llegan de Francia y de España, dos países que ofrecen muchas recetas maravillosas para esta fruta increíblemente versátil. Durante mis primeros días en el Aubergine, teníamos un platillo de cerdo con chabacanos rellenos en el menú que se ganó muchos adeptos. El *clafoutis* con chabacanos *baby* es un budín ligero y sencillo: las frutas se pueden escalfar

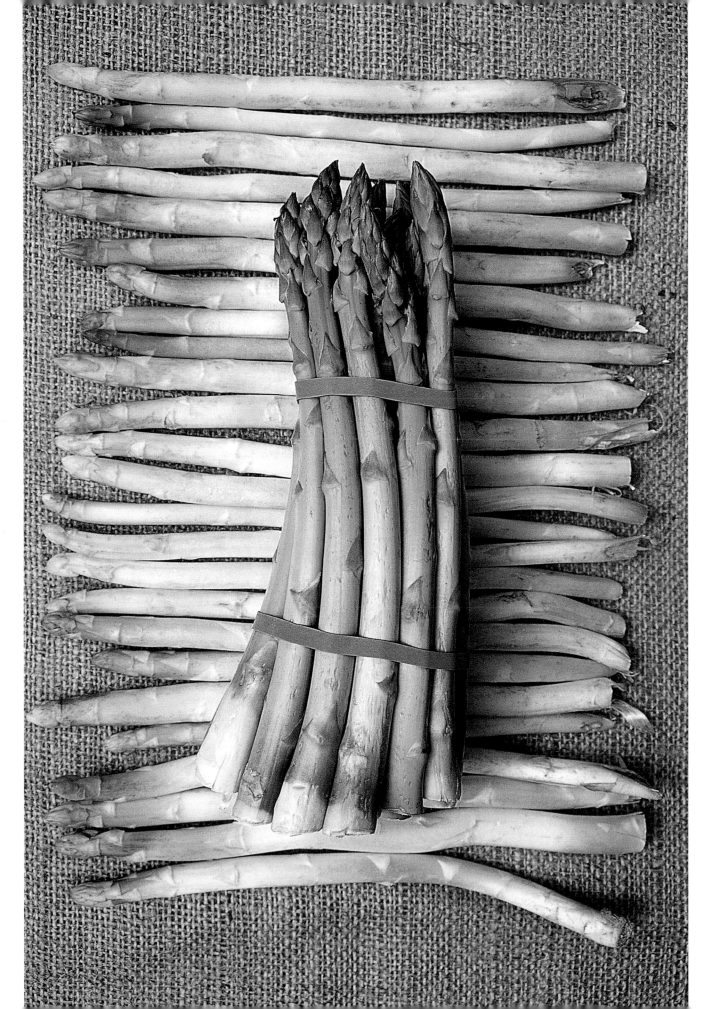

en un poco de jarabe aromatizado con canela y anís para servir con un arroz con leche cremoso. La provisión de chabacanos pequeños dura hasta el principio del verano, cuando llegan las frutas más grandes. Éstas las convertimos en *chutney* para servir con *foie gras* (como el *Chutney* de Durazno en la página 213). Fuera de estación, usamos los chabacanos franceses secados a la mitad (lo que ellos llaman *mi-cuit*) que no hay que remojar antes. Son estupendos para hacer mermeladas.

Las fragancias exóticas del **mango** son simplemente maravillosas. Al comprarlos, no busque uno demasiado maduro; necesita un poco de acidez para equilibrar su suntuosa dulzura. Para la cocina salada, busque frutas duras y ligeramente ácidas. Combínelas con mariscos dulces, con pollo a la parrilla o cerdo y con un toque de especias de curry aromáticas. Los mangos verdes también pueden ser buenos para preparar *relish* y *chutney*. En el menú de postres, los mangos van bien con la mantequilla escocesa, pero mi maridaje favorito ha sido con café y con crema, en una receta de ravioli dulce: pele un mango grande y firme y córtelo en rebanadas delgadísimas. Remójelas en almíbar por un par horas para que se suavicen, después escurra y seque sin frotar. Prepare un relleno con un café exprés ultrafuerte, *crème fraîche* espesa y crema batida suavemente, endulzando ligeramente. Coloque cucharadas de esta mezcla entre rebanadas de mango suavizado.

Me pongo poético cuando hablamos del **ruibarbo**. En la primavera obtenemos ramas tiernas, color rosa fosforescente, a las que a veces llaman ruibarbo 'forzado' porque lo cultivan en invernaderos o lo cubren con macetas altas (para obligarlo a crecer recto y alto). El ruibarbo champaña es el más tierno y dulce; en general lo podemos conseguir todo el año, de Kent o de Holanda, así que cuando se nos acaba

una provisión, está la otra. Hasta finales de la década de 1940 esta planta estaba clasificada como una verdura, pero ahora se considera una fruta. Yo la uso de las dos formas. Como verdura, la freímos y mezclamos con chucrut, o la usamos para preparar una fantástica salsa que acompaña el pescado y la langosta (se convierte en punto de conversación en cualquier cena): saltee el ruibarbo picado en un poquito de mantequilla con sal y azúcar, hiérvalo suavemente, a fuego lento, en el *nage* de verduras (página 212) hasta convertirlo en puré, después combine con una vinagreta. Otra idea salada es saltear el ruibarbo en mantequilla, después glasearlo con un jarabe de granadina y servirlo como un veloz condimento para un *foie gras* o hígado frito en sartén. Para mí, la mejor forma dulce de cocinar el ruibarbo es asado con azúcar, mantequilla y vainilla, para servirlo con *crème brûlée*.

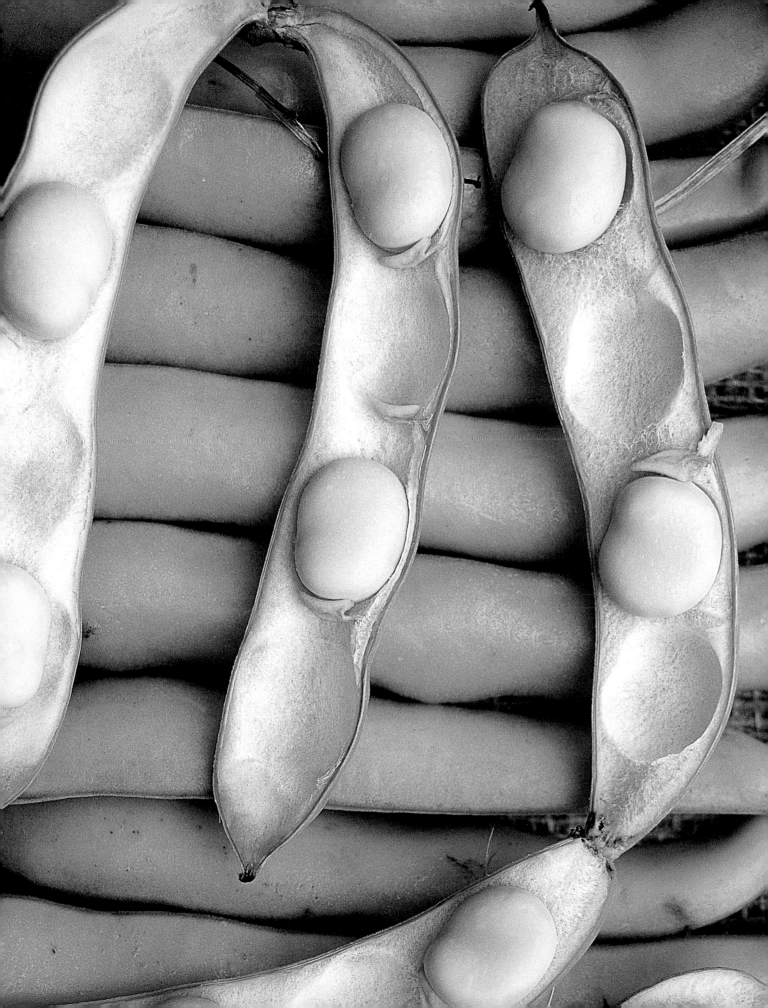

Sopa de chícharos tiernos

Esta sopa ligera y cremosa tiene todo a su favor: un color tentador, una consistencia suave y aterciopelada y un sabor fresco y maravilloso. Es muy popular la combinación del chícharo con el tocino; a mí me gusta usar tocino de Alsacia, pero cualquier tocino ligeramente ahumado, entreverado y curado en seco funcionaría igual de bien. **4 PORCIONES COMO ENTRADA**

100 gramos de tocino entreverado ligeramente ahumado
   (preferiblemente Alsace Ventrech), sin la corteza
2 echalotes rebanados
2 cucharadas de aceite de oliva
400 gramos de chícharos frescos en su vaina, desgranados
2 cucharadas de vino blanco seco
1 litro de Caldo de Pollo Ligero (página 212)
   o *Nage* de Verduras (página 212)
100 mililitros de crema para batir, y un poquito extra para servir
Sal marina y pimienta negra recién molida

1 Reserve 4 tiras de tocino y pique lo demás. Coloque el tocino picado en un sartén con los echalotes y el aceite. Cocine hasta que esté muy caliente, luego déjelo sudar a fuego lento durante unos 5 minutos.
2 Agregue los chícharos y cocine de 2 a 3 minutos adicionales. Vierta el vino y déjelo hasta que se evapore.
3 Agregue el caldo o *nage* y 250 mililitros de agua, hasta que hierva. Sazónelo y deje hervir a fuego lento por 15 minutos. Licúelo hasta que quede una mezcla homogénea, luego páselo por un colador fino con la ayuda de un cucharón. Deje enfriar y refrigérelo.
4 Mientras tanto, cocine las tiras sobrantes de tocino a la plancha hasta que queden crujientes. (En el restaurante horneamos las tiras entre dos charolas para hornear, para que queden planas y derechas, pero quizás prefiera que se vea arrugado). Escúrralas bien en papel de cocina para que no queden grasosas. Manténgalas calientes.
5 Después de enfriar bien la sopa, salpimiente y mezcle la crema, batiendo ligeramente. Vuelva a salpimentar. Sírvala en platos hondos, con un chorrito de crema encima y una tira flotante de tocino.

Sopa de alcachofa de Jerusalén con hongo morilla

Hace tiempo se consideraba una aburrida verdura invernal, pero la alcachofa de Jerusalén renació y se volvió a poner de moda. En Daniel's Restaurant de Nueva York sólo tallan las raíces, en lugar de pelarlas. Usted puede hacer lo mismo para esta sopa, y obtendrá un rústico y sutil color beige-grisáceo. Si opta por pelarlas, la sopa quedará de un color aún más claro.

Los hongos morilla frescos tienen una estación muy corta y por eso hay que aprovecharlos al máximo cuando están disponibles. Siempre los preparamos por lo menos una hora antes de cocinar, lavándolos con mucho cuidado (pues los nuestros están cultivados en arena, y bastan unos cuantos granitos para arruinar esta sopa extraordinariamente suave); luego las ponemos a secar. Fuera de estación, puede usar 50 gramos de hongos morilla secos, rehidratándolos antes en agua tibia. **4 PORCIONES COMO ENTRADA**

150 gramos de hongo morilla fresco

400 gramos de alcachofa de Jerusalén fresca

El jugo de un limón

3 cucharadas de aceite de oliva

2 echalotes, picados

100 mililitros de vino blanco seco

1 litro de Caldo de Pollo Ligero (página 212) o *Nage* de Verduras (página 212)

150 mililitros de crema para batir

25 gramos de mantequilla

Un poco de nuez moscada recién molida

Sal marina y pimienta negra recién molida

1 Corte los hongos en dos a lo largo, luego enjuague bien con agua fría para quitar toda la arena. Seque con toallas de papel, dando palmaditas, y deje por una hora hasta que estén completamente secos.

2 Talle las alcachofas o pélelas ligeramente con un pelador. Llene un recipiente de agua fría y agregue el jugo de limón. Corte cada alcachofa en rebanadas y remoje de inmediato en el agua acidulada (esto impedirá que se pongan cafés). Deje remojar durante 5 minutos, luego escurra y seque con un trapo, sin frotar.

3 Caliente 2 cucharadas de aceite en un sartén grande y suavemente acitrone los echalotes durante 5 minutos. Agregue las rebanadas de alcachofa y cocine durante 5 minutos más.

4 Lícuelo, luego cuélelo, con la ayuda de un cucharón. Vuelva a poner en el sartén y agregue la crema. (En este momento puede enfriar y congelar la sopa para servirla en otra ocasión, si prefiere). Caliente hasta que llegue a un hervor, luego apártela y déjela reposar.

6 Caliente el aceite sobrante con la mantequilla en un sartén y saltee los hongos durante unos 5 minutos, mezclando frecuentemente. Salpimiente y espolvoree un poco de nuez moscada recién molida. Escurra en una toalla de papel.

7 Si es necesario, vuelva a calentar la sopa. Vierta en cuatro platos hondos precalentados y esparza los hongos. Sirva rápidamente. No necesita otro adorno más que los hongos. ¡Simple y sublime!

Sopa de espárragos con *crôutes* de queso fresco

La más ligera de las sopas primaverales, en ella flotan delicados pedazos de croûtes *de mascarpone y chèvre, hechas con* ficelle *(pan de baguete delgada). Esta sopa se puede preparar con anticipación y recalentar para servir.* **4 PORCIONES COMO ENTRADA**

500 gramos de espárragos verdes frescos
2 cucharadas de aceite de oliva
1 cebolla mediana, picada finamente
1 zanahoria pequeña, picada finamente
20 gramos de mantequilla
2 ramitas de tomillo
1 litro de Caldo Ligero de Pollo (página 212)
  o *Nage* de Verduras (página 212)
Sal marina y pimienta negra recién molida

Para servir
1 *ficelle* (baguete delgada)
2 dientes de ajo, pelados
Un poco de aceite de oliva ligero,
  para freír ligeramente
100 gramos de chèvre semisuave, sin
  la corteza
1 cucharada de mascarpone

1 Corte la base de los espárragos, y con un pelador quite la piel de los tallos si están un poco duros. Corte 12 puntas, de unos 5 centímetros de largo cada una. Rebane el resto del espárrago.
2 Caliente el aceite en un sartén grande y acitrone la cebolla y zanahoria suavemente por unos 5 minutos. Agregue la mantequilla y, cuando esté derretida, añada el espárrago picado y el tomillo. Saltee por 5 minutos, después cubra y deje sudar a fuego lento por otros 15 minutos hasta que el espárrago esté suave, revolviendo ocasionalmente.
3 Agregue el caldo y los condimentos. Haga hervir, después cubra y deje hervir a fuego lento por 5 minutos, para mantener fresco el sabor. Revise la consistencia de los tallos de los espárragos, deben estar muy tiernos. Quite las ramitas de tomillo.
4 Con un cucharón con rendijas, saque las verduras y póngalas en la licuadora, guardando el líquido del sartén. Licue hasta que esté cremoso, agregando lentamente el líquido a la licuadora. Para una consistencia aterciopelada, cuele el puré cuando lo regrese al sartén, con la ayuda de un cucharón. Revise si está bien salpimentado y reserve.
5 En agua caliente, blanquee durante 2 minutos las puntas de espárrago que puso a un lado, después escúrralas y sumérjalas en un recipiente con agua helada. Escúrralas de nuevo y reserve.
6 Para hacer esas bonitas *croûtes*, corte la *ficelle* en rebanadas de 1 centímetro. Corte 2 o 3 rebanadas por persona. (Es posible que no necesite todo el pan). Frote ambos lados de cada rebanada con ajo. Ponga una capa delgada de aceite en un sartén y, cuando esté caliente, cocine hasta que estén bien doradas y crujientes de ambos lados. Escurra de inmediato sobre papel de cocina y deje enfriar.
7 Bata el chèvre con el mascarpone y salpimiente ligeramente. Extienda en remolinos atractivos sobre las *croûtes*.
8 Vuelve a calentar la sopa, revise la sazón y vierta en platos hondos precalentados. Ponga a flotar las *croûtes* y las puntas de espárrago encima, y sirva.

Sopa *velouté* de espinaca con *quenelles* de queso de cabra

Aterciopeladas, de color verde vibrante y muy sencillas: el simple sabor de las verduras cubiertas de una ligera y sedosa nube de queso de cabra y mascarpone. **4 PORCIONES COMO ENTRADA**

400 gramos de hojas frescas de espinaca
2 cucharadas de aceite de oliva
1 papa mediana, de unos 200 gramos,
   pelada y en rebanadas muy delgadas
Un poco de nuez moscada recién molida
100 gramos de queso de cabra fresco suave
40 gramos de mascarpone
1 cucharada de cebollín fresco picado
150 mililitros de crema para batir
Sal marina y pimienta negra recién molida

1 Revise la espinaca y quite cualquier hoja magullada o con el tallo grande y duro. Lave bien el sobrante con dos cambios de agua fría, y sacuda el exceso de agua.

2 Caliente el aceite en un sartén grande y saltee la papa durante unos 5 minutos, hasta que esté suave. Agregue la espinaca por encima y revuelva hasta que esté bien marchita.

3 Agregue un litro de agua y salpimiente al gusto, y añada un poco de nuez moscada molida. Hágalo hervir y revuelva. Cubra el sartén parcialmente y hierva a fuego lento durante unos 15 minutos, mezclando una o dos veces.

4 Mientras tanto, bata el queso de cabra con el mascarpone hasta que estén firmes pero suaves, e incorpore el cebollín. Si lo desea salpimiente (yo no lo hago). Reserve.

5 Con un cucharón, sirva la sopa en un procesador de comida o licuadora y mezcle hasta que esté suave. Usando un colador y con la ayuda de un cucharón, páselo al sartén.

6 Agregue la crema, revolviendo, y lentamente hágalo hervir de nuevo. Salpimiente al gusto. Hierva a fuego lento durante uno o dos minutos.

7 Sirva la sopa en platos hondos precalentados. Con la mezcla de queso de cabra, déle forma a las *quenelles* o simplemente sirva cucharadas en el centro de la sopa. Sirva de inmediato.

Variación

A veces hago esta sopa con ostiones para una ocasión especial. Remuevo las conchas de ocho, conservando todos sus jugos. Tomo los cuatro ostiones más grandes y los escalfo suavemente en sus jugos durante uno o dos minutos; luego los escurro, guardando los jugos. Los otros cuatro los meto en el procesador de alimentos con la mezcla de espinaca y papa. En ese momento agrego todos los jugos de ostión que había conservado. Cuando sirvo la sopa, coloco un ostión escalfado en el centro de cada plato y pongo unas cucharadas de la mezcla de queso de cabra encima.

Almohadillas de ñoquis de ricota con chícharos y habas

Si tiene la impresión de que los ñoquis son pastosos y aburridos, entonces permítame convencerlo para que haga ñoquis de papa. Son mucho más ligeros que los de semolina. ¡Cualquiera que se entretenga en la cocina y disfrute cocinar, se la pasará en grande con éstos!

4 PORCIONES COMO ENTRADA

1 kilo de papas céreas grandes (preferiblemente Desirée o Maris Piper)
175 gramos de harina blanca, y un poco extra para dar forma
1 cucharada de sal marina fina
1 cucharadita de pimienta recién molida (preferiblemente blanca)
1 huevo orgánico, batido
100 gramos de queso ricota

75 gramos de mantequilla
200 gramos de chícharos frescos en su vaina, desgranados
200 gramos de habas *baby* frescas, desgranadas
3 cucharadas de Vinagreta Clásica (página 213)
2 cucharadas de perejil fresco picado
Sal marina y pimienta negra recién molida

1 Hierva las papas sin pelar hasta que estén tiernas. Escurra y pélelas mientras están calientes. (Nosotros lo hacemos con guantes de hule para proteger nuestras manos o "caléndulas", como les dicen mis jóvenes *commis*). Corte cada papa en cuartos y distribuya en una charola para hornear.

2 Deje secar en un horno precalentado a 200°C durante unos 5 minutos. Después hágalas puré, hasta que queden suaves. La mejor forma de hacer esto es pasando la papa por un pasapurés. Si no tiene, bastará con un machacador de papas, pero no utilice un batidor eléctrico ni una procesadora de alimentos, o quedará una consistencia pegajosa.

3 Mezcle las papas con el harina, la sal marina fina, la pimienta blanca, el huevo y el queso ricota. La mezcla parecerá una masa suave. No bata de más o los ñoquis quedarán duros. Distribuya la mezcla sobre un plato y refrigere hasta que esté firme.

4 Tome la mezcla de papas y fórmelas a modo de puros largos, con un grosor de 1.5 centímetros. Use la parte sin filo de un cuchillo de mesa para rebanarlas en tramos de 3 centímetros. (Vea las fotos de esta técnica en la página 220). Ponga a hervir una olla grande de agua. Agregue las almohadillas de ñoquis y deje hervir a fuego lento alrededor de 5 minutos. (Quizás tenga que cocinarlos en tandas). Escurra bien y sumerja de inmediato en agua helada. Escurra otra vez y seque en toallas de papel, sin frotar.

5 Derrita la mantequilla y caliente lentamente hasta que tenga un color dorado. Cuele en una coladora fina, y deseche los sólidos. Vierta la mantequilla en un sartén y fría los ñoquis ligeramente hasta que estén dorados de forma pareja. Salpimiente y mantenga caliente.

6 Mientras, cocine los chícharos y las habas en agua hirviendo ligeramente salada de 2 a 3 minutos. Escurra y salpimiente. Combine con la vinagreta para ligar, luego el perejil.

7 Divida la ensalada de chícharos y habas en cuatro platos y cubra con los ñoquis dorados. Sirva de inmediato.

Ensalada tibia de pambazos y espárragos blancos

El espárrago blanco es muy popular en Europa, donde se asocia con la buena mesa. Los brotes casi siempre se sirven enteros. Entre abril y mayo puedo comprar espárrago blanco y regordete que cultivan en el valle de Evesham. Es tan tierno que ni hay que pelarlo; basta un delgado recorte al final del tallo. Sirve para hacer una ensalada sencilla y buena, cubierta de pambazo rebanado y salteado y una salsa dorada de mantequilla. **4 PORCIONES COMO ENTRADA**

Unos 12 espárragos blancos frescos grandes,
  o 24-30 si son delgados
El jugo de un limón
4 cucharadas de aceite de oliva
75 gramos de mantequilla sin sal
200 gramos de pambazos frescos, sin las bases y rebanados
2 cucharadas de perejil de hoja plana fresco
Sal marina y pimienta negra recién molida

1 Primero prepare los espárragos. Recorte las orillas. Ponga a hervir agua salada en una olla poco profunda y agregue la mitad del jugo de limón y una cucharada de aceite. Agregue los espárragos y blanquéelos por alrededor de 4 minutos, después escurra con cuidado (para no dañar las puntas) y sumerja en un recipiente amplio y poco profundo de agua helada. Deje hasta que se enfríen, después drene cuidadosamente otra vez y seque sin frotar.
2 Haga la mantequilla dorada. Caliente la mantequilla suavemente en un sartén pequeño, después suba el fuego y cocine hasta que la mantequilla apenas comience a dorarse. ¡No le quite los ojos de encima! Viértala rápidamente en una taza para que pare de dorarse. Reserve.
3 Caliente el aceite sobrante en un sartén y fría los hongos, mezclando ligeramente, hasta que apenas se suavicen. Agregue las hojas de perejil, salpimiente y coloque en un plato.
4 Limpie el sartén y vierta la mantequilla dorada, dejando las partes sólidas en la taza. Suba la temperatura suavemente hasta que esté caliente, después rocíe por encima el resto del jugo de limón.
5 Acomode los espárragos en cada plato, chorree encima los jugos que queden en el sartén y con una cuchara coloque encima los pambazos. Eso es todo: naturalmente simple.

Ensalada de aguacate y cangrejo con aderezo de toronja rosa

No hay como las combinaciones clásicas de sabor y color, y el aguacate con mariscos siempre consigue nuevos adeptos. Pero en lugar de hacer un aderezo cremoso de mayonesa, intente mezclar los mariscos –en este caso el cangrejo– con una vinagreta ligera con un estallido de burbujas de toronja rosa. Los tonos pastel y sabores frescos harán de ésta una entrada muy popular. El cangrejo fresco es la mejor opción. Si tiene que usar el congelado, presione la carne en un colador con la parte plana de un cucharón, para sacar cualquier exceso de líquido. **4 PORCIONES COMO ENTRADA**

1 toronja rosa
150 mililitros de Vinagreta Clásica (página 213)
2 aguacates grandes en su punto
2 jitomates saladet pelados, sin semillas y picados
El jugo de ½ limón
1 cucharadita de echalote o cebollita picada finamente
Unas gotas de salsa picante (opcional)
150 gramos de carne blanca de cangrejo
Unos 100 gramos de hojas pequeñas de ensalada
   (una mezcla o canónigos o sólo unas pequeñas hojas de arúgula silvestre)
Sal marina y pimienta negra recién molida

1 Pele la toronja y sáquele la corteza blanca; después, con un cuchillo de fruta filoso corte entre las membranas para soltar los gajos. (Haga esto sobre un recipiente para guardar el jugo). Agregue los gajos al recipiente y con los dientes de un tenedor rompa en pequeñas 'lágrimas'. Mezcle con 100 mililitros de la vinagreta y reserve.

2 Prepare guacamole. Corte el aguacate a la mitad y quítele el hueso, y con una cuchara saque la pulpa y colóquela en un plato poco profundo. Con un tenedor, haga un puré con trozos, después agregue los jitomates, el jugo de limón, el echalote o cebollita y salsa picante al gusto (si la quiere usar) y los condimentos.

3 Revise la carne de cangrejo cuidadosamente para asegurar que no queden pedazos del caparazón. (Hacemos esto sobre un plato plano con la parte de atrás de un tenedor). Aderece bien y ligue con 1 cucharada de la vinagreta sobrante.

4 Mezcle ligeramente las hojas de ensalada con lo que queda de la vinagreta, y salpimiente.

5 Para montar la ensalada, use un molde para cortar galletas grande y sin adornos, que tenga de 7 a 8 centímetros de diámetro. Coloque el molde en el centro de un plato mediano y con una cuchara sirva una cuarta parte del guacamole. Ligeramente presione una cuarta parte de la carne de cangrejo encima, después haga pequeñas torres de hojas de ensalada encima. Levante el molde suavemente. (Vea fotos de esta técnica en la página 221). Limpie el molde por dentro y repita tres veces más en tres platos adicionales. (O puede simplemente servir las tres ensaladas en cada plato con una cuchara).

6 Finalmente, rocíe cucharaditas de aderezo de toronja alrededor de cada ensalada, y sirva.

Vieiras al vapor y espárragos con salsa de mantequilla y té de limón

¿Quién dijo que era aburrida la comida al vapor? Yo no. Por ejemplo, me encantan los sabores puros y delicados de las vieiras dulces y los espárragos delgadísimos cuando se cocinan al vapor en su propio jugo y se cubren después en un fragrante beurre blanc. *Pídale al vendedor de pescado que le abra las vieiras y le dé las conchas. En el restaurante casi siempre tiramos los corales, pero si quiere los puede cocinar. Las canastas chinas de bambú para cocinar al vapor son baratas y fáciles de encontrar en cualquier barrio chino. Yo las uso mucho para pescados y verduras.* **4 PORCIONES COMO ENTRADA**

4-6 vieiras grandes, sin las conchas,
  y guarde 4 de las conchas redondas
150 gramos de puntas de espárragos
  verdes delgados
1 cucharada de perifollo o cebollín fresco picado
Sal marina y pimienta negra recién molida

Salsa
1 tallo de té de limón fresco, sin las hojas duras
  de afuera
2 echalotes, picados finamente
100 mililitros de vino blanco seco
1 cucharadita de vinagre de vino blanco
2 cucharadas de crema para batir
100 gramos de mantequilla sin sal, fría y
  cortada en cubitos

1 Enjuague bien las vieiras y seque sin frotar. Sienta hasta encontrar el trozo duro de carne a un lado y jálelo para removerlo. Es mejor cortar las vieiras muy regordetas en tres pedazos horizontales; si no, simplemente corte a la mitad.

2 Talle bien las conchas y divida los espárragos entre todas. Salpimiente ligeramente y coloque las rebanadas de vieira encima, agregando los corales si es que los va a usar.

3 Prepare una olla de agua caliente sobre la que colocará la vaporera de bambú. Mientras se calienta el agua, prepare la salsa de mantequilla.

4 Pique el té de limón finamente, desechando cualquier pedazo duro y leñoso. Envuélvalo y amárrelo en un pedazo de muselina. Cocine los echalotes y el té de limón en el vino blanco por unos 5 minutos hasta que estén suaves y el líquido se haya reducido a casi nada. Quite la bolsa de té de limón. Agregue el vinagre y cocine hasta que se evapore, le tomará unos segundos.

5 Vierta la crema, salpimiente y haga hervir suavemente. (La crema ayuda a estabilizar la salsa). Agregue un par de cubos de mantequilla y bata vigorosamente con un batidor pequeño hasta que se derrita y emulsione. Agregue unos cuantos cubos de mantequilla más y vuelve a batir. Cuando ya haya agregado todos los cubos, mezcle 2 cucharadas de agua fría y retire del calor. Cubra la salsa con plástico autoadherible o papel encerado y coloque a un lado para que se mantenga caliente.

6 Cuando la olla de agua esté a todo vapor, salpimiente las vieiras y coloque las conchas en la canasta. Acomode en la olla y cubra con la tapa. Déjelas en el vapor de 3 y medio a 4 minutos, según el grosor de las vieiras.

7 Quite la canasta de la olla, con cuidado, pues el vapor puede causar quemaduras muy fuertes. Levante las conchas con cuidado para no derramar el jugo, y colóquelas en los platos, acomodando cada concha en un pequeño montón de sal de roca. (La sal ayuda a nivelar las conchas para que no se volteen).

8 Bañe las vieiras con la salsa de mantequilla, espolvoree con las hierbas y sirva de inmediato.

Pescadilla con costra de limón y perejil

Creo que se subestima a la pescadilla, ya que lo eclipsan pescados más carnosos como el bacalao y el abadejo. Sin embargo, aunque la carne de la pescadilla es más tierna, tiene buen sabor. Esta receta es adecuada para una pescadilla grande; pídale a su vendedor de pescado que la corte en cuatro filetes largos y parejos. La costra se hace de forma ingeniosa: en lugar de presionar una masa floja sobre cada filete, se presiona toda en una capa, se corta y se coloca encima. Después el pescado se cocina, una mitad sumergida en líquido y la costra saliendo por arriba. Para agregar verdor, puede servir el pescado sobre espinaca baby. *Sólo coloque la espinaca en platos muy calientes para que las hojas se marchiten, sin necesidad de cocinar.* **4 PORCIONES COMO PLATO PRINCIPAL**

1 pescadilla grande, de 1.2 kilos,
   fileteada en cuatro, con la piel

3 jitomates, pelados y sin semillas, picados finamente

3 cucharadas de aceite de oliva

3 cucharadas de mostaza de grano grueso

1 hoja de laurel

2 ramitos de tomillo fresco

3 cucharadas de crema para batir

Sal marina y pimienta negra recién molida

Costra

200 gramos de mantequilla sin sal

200 gramos de migajas de *brioche*
   sin endulzar o pan blanco de
   buena calidad

100 gramos de ramitos de perejil
   de hoja rizada

Ralladura de 2 limones

1 Revise que los filetes no tengan espinas, y corte a lo ancho en dos. Reserve.

2 Cocine el jitomate picado en 1 cucharada del aceite de oliva hasta obtener un puré con trozos. Salpimiente y reserve.

3 Haga la costra. Combine la mantequilla y las migajas en una procesadora de alimentos hasta que se desmigaje con facilidad. Añada el perejil, la ralladura de limón y condimentos y licue hasta tener migajas finas. Forre una tabla de madera con plástico autoadherible y ponga la mezcla de migajas con mantequilla encima. Cubra con más plástico autoadherible y estire con un rodillo hasta obtener un rectángulo de 1 centímetro de grosor. Coloque esta costra en el congelador por un par de horas para que se endurezca. Después córtela en 8 pedazos de tamaño similar al de los filetes de pescado.

4 Cuando sea hora de cocinar, precaliente el horno a 200°C. Distribuya 2 cucharadas de la mostaza sobre la piel del pescado, después con una cuchara sirva el "puré" de jitomate encima. Finalmente, levante los pedazos cortados de la costra del plástico autoadherible y presione encima con suavidad. Con cuidado colóquelos en un plato para hornear que resista el fuego directo, con la costra hacia arriba.

5 Coloque el aceite sobrante en un pequeño sartén con alrededor de 300 mililitros de agua, las hierbas y el condimento. Hágalo hervir. Vierta el líquido por una orilla del plato para hornear, para que no moje la costra. Hornee sin tapar durante 8 o 10 minutos hasta que la costra esté ligera y crujiente y, usando una espátula larga, levante el pescado y colóquelo en cuatro platos precalentados.

6 Coloque el plato en la hornilla y hierva, hasta reducir el líquido a la mitad, después agregue el sobrante de la mostaza y la crema. Vierta con cuidado alrededor del pescado. Sirva con papas de Cambray.

Rodaballo asado con *velouté* de espárragos

El rodaballo es uno de los pescados planos más grandes, con carne tierna pero a la vez carnosa. Los chefs la adoran porque es muy complaciente y combina bien con una gran variedad de sabores. Es un hermoso plato para dar la bienvenida a la primavera en la mesa, chic y al mismo tiempo casual en su presentación. **4 PORCIONES COMO PLATO PRINCIPAL**

600 gramos de filete de rodaballo sin piel

250 gramos de espárragos verdes frescos

3 cucharadas de aceite de oliva

1 echalote picado

Hojas de estragón fresco, picado

300 mililitros de Caldo de Pescado (página 212)

Unos 50 gramos de espinaca *baby*

2 cucharadas de crema para batir

200 gramos de tallarines (preferiblemente frescos)

25 gramos de mantequilla

1 cucharada de cebollín fresco picado

Sal marina y pimienta negra recién molida

1 Corte el pescado a lo ancho en cuatro rebanadas y recorte para dejarlas parejas. Reserve.

2 Recorte las bases de los espárragos y pele los tallos, si es necesario. Rebane la mitad de los espárragos en pedacitos; guarde la otra mitad.

3 Caliente 1 cucharada de aceite y suavemente saltee el espárrago picado con el echalote y el estragón por 5 minutos. Agregue la mitad del caldo y salpimiente un poco, y hierva a fuego lento, sin cubrir, de 3 a 5 minutos hasta que estén tiernos. Agregue la espinaca y cocine hasta que se marchite.

4 Licue la mezcla de espárragos y espinaca en una licuadora o procesador de alimentos hasta que esté suave. Pase por un colador hacia un sartén, frotando el colador. Agregue la crema y reserve hasta que todo esté listo para servir.

5 Cocine los tallarines en agua salada hirviendo hasta que estén *al dente*. Escurra, enjuague con agua fría y vuelva a escurrir. Regrese a la olla con la mitad de la mantequilla. Reserve. (Esto es lo que hacemos en el restaurante, pero quizás prefiera cocinar la pasta después, mientras hace el pescado).

6 Cocine los espárragos sobrantes en agua hirviendo ligeramente salada por unos 3 minutos hasta que empiecen a estar tiernos. Escurra, enjuague bajo agua fría, vuelva a escurrir y meta de nuevo en la olla con la mantequilla sobrante.

7 Caliente el aceite sobrante en un sartén grande antiadherente, y cuando esté caliente, cocine el pescado durante un minuto de cada lado, hasta que tenga un bonito color. Salpimiente mientras se cocina. Vierta la parte sobrante del caldo y deje hervir suavemente, cubriendo el pescado con cucharadas de jugos del sartén. Esta especie de estofado hace que el pescado no se seque. Después de unos 3 minutos, el caldo se debe haber reducido a una especie de jarabe y el pescado estará tierno.

8 Caliente la pasta, agregando un chorro de agua si es necesario para que no se pegue. Sazone y agregue el cebollín. Vuelva a calentar los espárragos.

9 Coloque la pasta en el centro de cuatro platos precalentados. Mientras tanto, vuelva a calentar la *velouté* de espárragos y espinaca. Coloque el pescado encima de la pasta, en el centro, y con una cuchara vierta la *velouté* caliente y rodéela con los espárragos blanqueados. Sirva rápidamente.

Trucha marina con chícharos frescos machacados

La trucha marina salvaje, como el salmón, puede vivir en agua salada o dulce. Es ligeramente más dulce que el salmón y un poco más pequeña, y está en su mejor punto entre abril y septiembre. El pescado excepcional necesita sólo las guarniciones más sencillas, en este caso un puré de chícharos frescos ligados con un poco de vinagreta y con un acento de mejorana fresca. Sirva con papitas de Cambray. **4 PORCIONES COMO PLATO PRINCIPAL**

1 trucha marina, alrededor de 2 a 2.5 kilos, fileteada en dos, con la piel
1 a 2 cucharadas de aceite de oliva
500 gramos de chícharos frescos en su vaina, desgranados
1 cucharada de mejorana fresca picada, más hojas de mejorana para adornar
2 cucharadas de Vinagreta Clásica (página 213)
Sal marina y pimienta negra recién molida

1 Sienta la carne de pescado con la punta de sus dedos para encontrar espinas y quítelas con sus uñas o con pinzas. Corte cada filete a la mitad, a lo ancho. Recorte estos 4 pedazos para que queden parejos. Con la punta de un cuchillo muy filoso (o un cúter limpio), marque la piel con delgadas líneas paralelas, dejando un borde alrededor de 1 centímetro sin cortar. Frote ambos lados del pescado con el aceite y reserve.

2 Cocine los chícharos en agua salada hirviendo durante 3 o 4 minutos hasta que estén tiernos. Escurra y regrese a la olla. Machaque los chícharos contra la orilla de la olla con un tenedor hasta obtener un puré con trozos. Salpimiente y agregue la mejorana picada y la vinagreta. Reserve.

3 Caliente un sartén antiadherente. Cuando sienta que ya está emanando calor, coloque los filetes en el sartén con la piel hacia abajo. Sazone y cocine durante unos 4 minutos, hasta que la piel esté crujiente. Voltéelos con cuidado y cocine el otro lado por un minuto para dorar ligeramente. Vuelva a salpimentar.

4 Sirva unas cucharadas de chícharo machacado en el centro de cuatro platos precalentados y coloque el pescado encima. Adorne con hojas de mejorana, si gusta, y sirva.

Pollos de primavera con pak choi *baby* en salsa agridulce

Las cocinas clásicas europeas han recibido a los sabores orientales con entusiasmo: se trata de tener un poco de pensamiento lateral culinario. Me gusta servir los poussins *(o sea, pollitos de leche) asados con salsa agridulce y pequeñas cabezas de verduras de primavera chinas llamadas pak choi, que ahora se consiguen comercialmente en los mercados europeos. No corte el pak choi, pues se cocina entero.* **4 PORCIONES COMO PLATO PRINCIPAL**

4 cucharadas de aceite de oliva

4 *poussins*, de 500 a 600 gramos cada uno

75 gramos de mantequilla, derretida

8 pak choi pequeños

2 cucharadas de salsa soya oscura

Sal de mar y pimienta negra recién molida

Salsa

1 pimiento rojo, picado

1 pimiento amarillo, picado

1 cucharada de aceite de oliva

1 cucharada de vinagre de vino blanco

1 cucharadita de azúcar blanca muy fina

3 cucharadas de Vinagreta Clásica (página 213)

1 Primero prepare la salsa. Saltee los pimientos picados en aceite durante unos 5 minutos, hasta que estén suaves. Desglase con el vinagre y agregue el azúcar, revolviendo hasta que se disuelva. Licue hasta obtener un puré fino en una licuadora o procesador de alimentos con la vinagreta. Pase por un colador con la ayuda de un cucharón. Salpimiente y reserve.

2 Caliente el horno a 200ºC.

3 Caliente 2 cucharadas del aceite en un sartén grande. Cuando esté caliente, agregue las aves, dos a la vez, y dore por completo. (En el restaurante aplastamos los *poussins* con nuestras manos para que se doren de forma pareja, pero esto sólo es para los valientes, ¡o los imprudentes!).

4 Coloque las aves en un recipiente para asar, y abriéndoles las patas para echarles encima la mantequilla, pasándola por un colador pequeño. Salpimiente. Ase de 15 a 20 minutos, rociando las aves con sus propios jugos por lo menos dos veces: con una cuchara recoja los jugos de la charola, y vuelva a rociarlos por el colador otra vez. Esto le da a los *poussins* una piel dorada y crujiente de forma pareja. Con la cuchara vierta los jugos dentro de las aves lo mejor que pueda para darle sabor. Una vez cocinada, saque del horno y reserve.

5 Puede servir las aves enteras o de la siguiente manera: con un cuchillo muy filoso, saque las pechugas del hueso en una pieza. Corte en la articulación del muslo y quite las patas. Nosotros los aflojamos y sacamos el hueso del muslo, dejando sólo la pata, ¡pero quizás no sienta que valga la pena! Deseche los huesos. Mantenga caliente la comida.

6 Corte el pak choi de forma pareja y saltee todo en el aceite sobrante alrededor de 3 minutos. Desglase con la salsa de soya y condimente sólo con pimienta.

7 Para servir, coloque el pak choi en el centro de cuatro platos precalentados y coloque el pollo encima. Vuelva a calentar la salsa suavemente y viértala sobre el pollo a cucharadas. Queda muy bien con tallarines aderezados con mantequilla.

Pollo a la parrilla con tallarines y *velouté* de hongos morilla

Éste es un platillo rústico por excelencia; es delicioso llegar a casa a comerlo o prepararlo para los invitados a una cena relajada. Sugiero pechuga de pollo (preferiblemente de aves de granja que fueron alimentadas con maíz), pero si prefiere puede utilizar gallinas de Guinea o pechuga de faisán. Trate de usar tallarines frescos de un delicatesen italiano de buena reputación. Si eso no es posible, entonces compre una pasta seca de buena calidad, como la De Cecco o Delverde, en lugar de una marca del supermercado. Los italianos toman muy en serio la calidad de sus pastas, como debemos hacerlo nosotros. **4 PORCIONES COMO PLATILLO PRINCIPAL**

Unos 100 gramos de hongo morilla fresco
3 a 4 cucharadas de aceite de oliva
1 echalote grande, picado finamente
150 mililitros de vino blanco seco
500 mililitros de Caldo Oscuro de Pollo (página 212)
250 mililitros de crema para batir
500 gramos de tallarines (preferiblemente frescos)
4 pechugas de pollo sin hueso, con la piel, de unos 120 gramos cada una
Sal marina y pimienta negra recién molida

1 Corte los hongos morilla a la mitad, a lo largo, después enjuague bien con agua fría de la llave para extraer toda la arena. Seque sin frotar con una toalla de papel y deje por 1 hora para que sequen por completo.

2 Recorte la mitad de los hongos para que se vean parejos. Pique lo demás, incluyendo los pedazos que recortó, finamente.

3 Prepare la salsa con anticipación, si gusta. Agregue 1 cucharada del aceite y suavemente acitrone el echalote hasta dorarlo, unos 5 minutos. Agregue los hongos finamente picados y siga cocinando durante 3 minutos más. Agregue el vino y cocine hasta que se reduzca a la mitad. Agregue el caldo y salpimiente ligeramente. Hierva hasta que se reduzca a la mitad otra vez, después agregue la crema y hierva a fuego lento durante 5 minutos. Pase por un colador y coloque en un recipiente limpio, frotando con la parte posterior de un cucharón. Revise la sazón y reserve hasta que esté listo para servir.

4 Caliente bien la parrilla. Frote la piel del pollo ligeramente con un poco de aceite y salpimiente. Ponga en la plancha con la piel hacia arriba por unos minutos, después baje la temperatura a nivel medio y siga asando hasta que la piel esté bien crujiente. Voltee y cocine el otro lado por un par de minutos (la mayor parte de la cocción deberá hacerse del lado de la piel). Las pechugas deben estar firmes sin quedar duras.

5 Mientras se cocina el pollo, saltee los hongos recortados en 1 cucharada del aceite por unos minutos. Asegúrese de asarlos bien para obtener el mejor sabor posible. Quite del fuego y escurra en una toalla de papel.

6 Cocine la pasta en agua salada hirviendo durante 3 o 5 minutos si es fresca, o según las instrucciones del paquete si es seca. Escurra, después agregue la mitad de la salsa y caliente otra vez suavemente. Vuelva a calentar la parte sobrante de la salsa.

7 Divida la pasta entre cuatro platos no muy hondos precalentados. Corte el pollo en medallones y coloque sobre la pasta. Bañe el pollo con la salsa y distribuya los hongos salteados encima.

Costillar de cordero con costra de hierbas y jitomate relleno

El cordero es un platillo popular en la carta de nuestro restaurante todo el año, pero se asocia en particular con la primavera. Nos gusta servir el costillar de cordero con una ligera costra de hierba que se aplana bien con un rodillo y luego se presiona sobre la carne parcialmente asada. Los pedazos de costra que caen se combinan en una mezcla de ratatouille finamente picado, y después se mete a cucharadas en los jitomates saladet. Unas papas de Cambray lo acompañan muy bien.

4 PORCIONES COMO PLATILLO PRINCIPAL

2 costillares de cordero de la temporada,
   alrededor de 300 gramos cada uno,
   con el espinazo
4 jitomates saladet grandes
2 cucharadas de aceite de oliva
1 calabacita mediana, finamente picada
½ pimiento rojo pequeño, finamente picado
½ pimiento amarillo pequeño, finamente picado
½ berenjena pequeña, finamente picada
Sal de mar y pimienta negra finamente picada

Costra
200 gramos de migajas de *brioche* sin
   endulzar o de un buen pan blanco
1 cucharada de albahaca fresca picada
1 cucharada de cebollín fresco picado
1 cucharada de hojas frescas de tomillo
50 gramos de mantequilla, suavizada

1 Recorte los costillares de cordero. Quite el espinazo y el tendón largo. Con la punta de un cuchillo filoso, marque rombos parejos en la grasa.

2 Prepare la costra de hierbas. Licue las migajas en una procesadora de alimentos con las hierbas y los condimentos, después agregue la mantequilla. Licue hasta que la mezcla se desmigaje y que, cuando la pellizque entre los dedos, se vuelva pastosa (lo que los franceses llaman *pommade*). Forre una tabla de madera con plástico autoadherible y vierta la mezcla encima. Cubra con más plástico autoadherible, y con un rodillo estire sobre una charola que tenga aproximadamente la misma área que la parte ancha de los dos costillares de cordero. Enfríe la costra en el plástico autoadherible.

3 Para preparar los jitomates, remójelos brevemente en agua hirviendo y remueva la piel. Corte una cuarta parte de cada una en la parte superior y después pique en cubos finos. Con una cuchara, saque las semillas de los jitomates y deseche.

4 Caliente el aceite en un sartén y saltee la calabacita, los pimientos y la berenjena por alrededor de 5 minutos, o hasta que apenas empiecen a suavizarse. Aderece bien, después ligue con el jitomate picado y reserve.

5 Caliente el horno a 200ºC. Caliente un sartén pesado y antiadherente y, cuando esté caliente, dore el lado gordo de cada costillar de cordero. Voltee para dorar al máximo. Remueva del fuego. Enderece los costillares para que los jugos caigan al recipiente.

6 Corte la costra de hierbas en dos pedazos del tamaño de los costillares y presione sobre la superficie grasa caliente con sus dedos. La *pommade* está hecha con menos mantequilla de lo normal, para que se adhiera mejor. Mezcle los pedazos que caigan de la costra con las verduras. Coloque el cordero con la costra hacia arriba en una charola para asar y ase durante 10 o 12 minutos hasta que, al presionarla con el dedo, se sienta elástica.

7 Mientras tanto, rellene los jitomates huecos con la mezcla de verdura y *pommade*, apilándola bien. Coloque los jitomates en una charola para hornear con un chorrito de aceite de oliva, y ase en el horno con la carne hasta que esté caliente y la parte de arriba se vea ligeramente crujiente.

8 Deje reposar el cordero de 5 a 10 minutos antes de cortar cada costillar a la mitad o en chuletas individuales. Sirva con los jitomates, y chorree encima el *jus* que haya quedado en la charola de hornear.

Cuadril de cordero de temporada con lentejas

Éste es un rico platillo casero parecido a muchos que sirven en toda Francia. Servimos el cordero con cremosas papas gratinadas. Al precocer las papas en leche antes de terminar de prepararlas en moldes individuales, se cocinan de forma más pareja: es un buen truco que vale la pena saber. **4 PORCIONES COMO PLATO PRINCIPAL**

4 cuadriles de cordero, de unos 200 gramos cada uno

3 o 4 cucharadas de aceite de oliva

1 ramito de tomillo fresco

150 gramos de lentejas Puy

1 zanahoria mediana

½ apio nabo pequeño

1 poro pequeño

2 cucharadas de perejil fresco picado gruesamente

4 cucharadas de Vinagreta Clásica (página 213)

Sal marina y pimienta negra recién molida

Papas gratinadas

400 gramos de papas medianas ligeramente céreas, como las Maris Piper

300 mililitros de leche

300 mililitros de crema para batir

1 diente de ajo en rebanadas

1 ramito de tomillo fresco

1 hoja de laurel

75 gramos de queso gruyère, rallado

1 Quite el hueso central de los cuadriles. Remueva la grasa y acomode para que las formas de cuadril queden parejas. Coloque en un bol o en una bolsa tipo Ziploc con la mitad del aceite y las puntas del racimo de tomillo. Ponga a marinar en el refrigerador.

2 Cocine las lentejas en agua salada hirviendo por unos 15 minutos. Escurra y salpimiente.

3 Corte la zanahoria, el apio nabo y el poro en cuadritos de 1 centímetro. Caliente el aceite restante en un sartén y saltee las verduras hasta que estén ligeramente doradas, durante 5 o 7 minutos (a esto lo llamamos un *brunoise*). Combine con las lentejas y la mitad del perejil, después ligue con 2 cucharadas de la vinagreta. Reserve.

4 Para las papas gratinadas, caliente el horno a 200°C. Pele las papas y corte en rebanadas delgadas (use una mandolina o la cuchilla rebanadora de una procesadora de alimentos). Haga hervir la crema y la leche con un poco de sal marina, el ajo y las hierbas, y hierva a fuego lento por un par de minutos. Agregue las papas rebanadas y hierva a fuego lento por unos 5 minutos hasta que estén tiernas. Escurra en un colador colocado sobre un bol para juntar la leche cremosa.

5 Mezcle las papas suavemente con dos tercios del queso. Acomódelos en capas en cuatro moldes individuales medianos o en cuatro *cocottes*, salpimentando entre capa y capa. Con una cuchara, sirva encima de cada molde un poco de la leche cremosa que juntó antes y espolvoree con lo que sobre del queso. Coloque los moldes en una charola para hornear y hornee durante 8 o 10 minutos, hasta que el queso empiece a dorarse.

6 Mientras tanto, caliente muy bien un sartén de base pesada y antiadherente. Remueva los cuadriles de cordero del bol o bolsa de alimentos, limpiándole cualquier punta de tomillo que quede, y dore de 3 a 5 minutos de cada lado, salpimentando ligeramente mientras se cocinan. El cordero debe servirse ligeramente rosa y jugoso.

7 Vuelva a calentar las lentejas y con una cuchara sirva en el centro de cuatro platos. Coloque los cuadriles encima (si gusta puede rebanarlos antes). Desglase el sartén con la parte sobrante de la vinagreta, revolviendo por un minuto, luego con una cuchara sirva los jugos sobre el cordero. Espolvoree con el perejil restante. Sirva las papas gratinadas, todavía en sus platos individuales, en el mismo plato. ¡Simple y delicioso!

Plátanos caramelizados al horno en *papillote*

Este budín es verdaderamente pecaminoso, así que cambie de página al menos que quiera caer en la tentación. Sin embargo, si todavía está leyendo y no puede resistirse, comience a buscar unas hojas de papel estrella. Calcule 2 plátanos medianos por porción. **4 PORCIONES**

4 cucharadas de azúcar mascabado claro
50 gramos mantequilla sin sal
100 mililitros de crema para batir
2 clavos enteros
8 plátanos medianos, maduros pero no blandos
Un poquito de azúcar glas cernida, para espolvorear encima
4 tallos de té de limón fresco
Crème fraîche, para servir

1 Primero prepare la salsa de caramelo. Derrita el azúcar en un sartén con sólo un chorrito de agua para echarlo a andar. Una vez disuelta y transparente, suba el calor y caliente de 3 a 5 minutos hasta que se forme un caramelo de color claro. Remueva del fuego y agregue la mantequilla de inmediato. Después mezcle la crema y los clavos. Reservar para que se infunda y enfriar.

2 Cuando sea hora de cocinar, caliente el horno a 200ºC. Prepare cuatro hojas de papel estrella, cada una de unos 30 x 20 centímetros.

3 Ponga un sartén antiadherente a calentar bien. Corte los plátanos a la mitad, a lo largo, y espolvoree con azúcar glas. Coloque en el sartén caliente y seco y permita que el azúcar se caramelice de un lado antes de voltearlo cuidadosamente. Esto debería tomar segundos si el sartén está lo suficientemente caliente. (Es posible que quiera caramelizar los plátanos en tandas, limpiando el sartén cada vez). Tan pronto como estén caramelizados los plátanos, quite y coloque de inmediato en el centro de un papel estrella, calculando 4 mitades por porción.

4 Rebane cada tallo de té de limón hasta llegar casi al lado grueso, y coloque encima de los plátanos. Quite los clavos del caramelo y vierta cucharadas sobre los plátanos.

5 Sosteniendo las dos orillas largas de cada papel, doble encima y hacia abajo varias veces, dejando un pequeño espacio encima del plátano. Estruje y retuerza las orillas, como si envolviera un caramelo. Coloque cada paquete sobre una charola para hornear. (En el restaurante, cortamos y doblamos el papel en forma de 'D' y los espolvoreamos con el azúcar glas cernido antes de hornear. El papel toma un fantástico brillo de caramelo oscuro).

6 Cocine de 7 a 10 minutos hasta que los paquetes estén inflados. Sirva cada uno en un plato, y haga una ranura encima para meter unas cucharadas de *crème fraîche*. Sirva lo antes posible. (Tenga cuidado al abrir las bolsas para comer, ya que saldrá vapor caliente).

Tartas de mango sencillas con sorbete de *fromage blanc*

Con la introducción de los sopletes al equipo de cocina en las tiendas, ¡la cocina en casa es toda una aventura! Ahora se pueden hacer coberturas caramelizadas de forma maravillosamente veloz. Ésta es una receta en la que un soplete puede resultar útil. La base está hecha de hojaldre; hoy en día, éste último se puede conseguir listo para estirar. Pero para obtener el mejor de los sabores, sugiero que prepare el suyo. **4 PORCIONES**

500 gramos de Pasta de Hojaldre (página 214)
  o 2 paquetes de 375 gramos de pasta
  de hojaldre lista para usar
Azúcar glas, para espolvorear
4 mangos medianos maduros
2 frutas de la pasión maduras
1 cucharada de menta fresca picada
Sorbete de *Fromage Blanc* (página 215), para servir

1 Estire la pasta de hojaldre hasta que esté tan delgada como una moneda. Recorte cuatro círculos de 12 centímetros. (Puede usar un platito como cortador). Coloque en una charola plana para hornear. Pique los círculos de hojaldre varias veces y enfríe por 20 minutos.
2 Mientras tanto, caliente el horno a 200ºC.
3 Cuando sea hora de empezar a hornear, coloque una hoja de papel estrella encima de los círculos de hojaldre y acomode encima una charola para hornear pesada y plana, para que el hojaldre quede aplastado en medio. Hornee de 10 a 12 minutos hasta que esté muy dorado y crujiente. La charola de arriba hará que las bases de hojaldre se mantengan planas.
4 Quite la charola superior. Cubra los círculos de hojaldre generosamente con el azúcar glas cernida, y regrese al horno para derretir y glasear. Quite los círculos, deslizándolos sobre una rejilla para que se enfríen y queden crujientes.
5 Pele cada mango y corte dos rebanadas gruesas a lo vertical de cada lado del hueso plano. Corte las rebanadas a lo ancho, haciendo formas de media luna. Acomode encima de los círculos de hojaldre, apilando las rebanadas hacia el centro.
6 Corte la fruta de la pasión y con una cuchara saque la pulpa y colóquela en un colador pequeño sobre un bol. Restriegue el jugo y la pulpa, rociándolo sobre las rebanadas de mango.
7 Cierne el azúcar glas sobre las frutas, y de inmediato caramelice con un soplete. Si no tiene uno, entonces caliente la parrilla hasta que esté al rojo vivo y caramelice así el azúcar. Eso sí, tenga cuidado, ya que la parrilla también puede quemar las orillas del hojaldre.
8 Enfríe ligeramente las tartas, después distribuya encima la menta picada. Coma tibia con cucharadas de sorbete de *fromage blanc* o un sorbete de la tienda.

Clafoutis miniatura de chabacano

Este postre favorito de los franceses se prepara normalmente con cerezas, pero me gusta hacer versiones más pequeñas con chabacanos frescos. La temporada comienza a finales de la primavera, y se pueden incluso obtener las últimas importaciones sudafricanas de temporada en febrero o marzo. Servimos un poco de helado de almendras con el clafoutis, *pero es igual de delicioso si simplemente se le espolvorea azúcar glas encima y se cubre con un chorrito de crema o un poco de* crème fraîche. *Lo ideal es preparar la masa 24 horas antes, para darle tiempo de reposar y suavizarse.* **4 PORCIONES**

50 gramos de hojuelas de almendras tostadas
1 cucharada de harina de panadería
Una pizca de sal
100 gramos de azúcar blanca muy fina
2 huevos de granja grandes
3 yemas de huevo de granja
250 mililitros de crema para batir
Un poco de mantequilla suave, para engrasar
12 chabacanos medianos, maduros
Azúcar glas, para espolvorear

1 Primero muela las almendras hasta obtener un polvo muy fino; hágalo en un molino de café o de nueces, pues es difícil moler una cantidad tan pequeña en una procesadora de alimentos. Vierta en un procesador de comida y licue con la harina y la sal, después agregue el azúcar, los huevos, las yemas y la crema. Licue hasta que quede suave y cremoso. Vierta en una jarra y coloque en el refrigerador por 24 horas.
2 Cuando sea la hora de cocinar, caliente el horno a 200°C. Con mantequilla, engrase seis latas de budín de 10 centímetros de diámetro o moldes rectos de aluminio para tartaleta.
3 Corte los chabacanos a la mitad y quite los huesos. Corte cada mitad a la mitad, después divida entre los recipientes preparados. Cierna un poco del azúcar glas encima. Vierta la masa y hornee por 12 minutos o hasta que se hayan levantado y estén ligeramente firmes.
4 Enfríe por unos minutos en sus moldes, y después, con una espátula pequeña, saque de los moldes y coloque sobre una rejilla. Sirva tibios, espolvoreados con un poco más de azúcar glas cernido y bolas de helado o cucharadas de *crème fraîche*.

Mousse de chocolate blanco y limón

Los colores que más asocio con la primavera son el amarillo y el blanco, como los narcisos aromáticos y alegres o los bonitos tulipanes blancos. Los suntuosos budines del invierno abren paso a consistencias y sabores más ligeros. En lugar de hacer delicioso mousse *de chocolate negro, opto por hacer mezclas de chocolate blanco y cremoso con ralladura de limón. Para seguir con el tema del limón, sugiero servirlo con rebanadas de* confit *de limón. Se pueden servir cucharadas del* mousse *en* quenelles, *o se pueden colocar en moldes individuales para horno o elegantes copas. El tamaño de la porción lo dejo en sus manos; con frecuencia es mejor servir porciones pequeñas de* mousse *después de una buena cena. Siempre digo que menos se disfruta más. Observe que esta receta contiene huevo ligeramente cocido.* **4 a 6 porciones**

225 gramos de chocolate blanco, en pedazos
3 yemas grandes de huevo
50 gramos de azúcar glas
La ralladura de 1 limón
500 mililitros de crema para batir
Confit de Naranja y Limón (página 215, pero hecha
   sólo con rebanadas de limón en lugar de naranja y limón)

1 Derrita el chocolate en un bol a prueba de calor colocado encima de un sartén con agua que apenas hierve a fuego lento. (Nosotros cubrimos el bol con plástico autoadherible, pero quizás prefiera poner un plato encima). También puede derretir el chocolate en el microondas, a baja temperatura. Eso sí, cuidado al derretirlo, pues el chocolate blanco se puede 'cortar' más rápidamente que el oscuro, ya que no tiene sólidos de cacao. Cuando esté derretido, revuelva y enfríe.

2 Bata las yemas y el azúcar en otro bol a prueba de calor, colocado sobre el mismo sartén con agua hirviendo suavemente. Necesitará hacer una espuma de sabayón firme, así que un batidor eléctrico funcionaría bien. La mezcla estará lista cuando pueda formar un caminito de espuma que mantenga su forma superficial. Quite del sartén con agua y enfríe por 10 minutos, batiendo ligeramente una o dos veces.

3 Con cuidado, incorpore el chocolate derretido y la ralladura de limón en el sabayón. Deje enfriar y coloque un rato en el refrigerador, sin dejar que cuaje del todo. Todavía deberá estar bastante suave cuando agregue la crema.

4 Bata la crema hasta que tenga suaves picos, después incorpore en la mezcla de chocolate, un tercio a la vez, usando una espátula. Si lo va a servir en platos pequeños o copas, divida el *mousse* entre éstas. Enfríe hasta que queden firmes.

5 Si piensa servir en forma de *quenelles* en platos de postre, coloque pequeñas cucharadas de *confit* a un lado. Para los moldes individuales o copas, simplemente ponga un poquito de *confit* encima de cada una.

Parfait de manzana fresca

Esta receta se prepara en tres etapas –una base cremosa, un merengue y una crema de manzana– que se combinan y después congelan. Es un postre ideal para una cena con invitados. Asegúrese de utilizar un jugo de manzana de buena calidad (los que preparan las empresas de campo como James White de Suffolk tienen un fabuloso sabor). O, si tiene un extractor eléctrico, puede prepara su propio jugo usando el sabor intenso de las manzanas Granny Smith o Cos. La glucosa líquida ayuda a estabilizar la mezcla; se puede comprar en farmacias. Note que contiene yemas ligeramente cocinadas y claras crudas. **8 PORCIONES**

1 litro de jugo de manzana sin endulzar
4 yemas de huevo de rancho
225 gramos de azúcar blanca muy fina
3 cucharadas de glucosa líquida
3 claras de huevo
300 mililitros de crema para batir

1 Hierva el jugo de manzana hasta reducirlo a 300 mililitros. Quite del fuego, enfríe y refrigere.
2 Caliente un sartén mediano de agua hasta que hierva. Bata las yemas en un bol a prueba de calor que quepa sobre el sartén. En otro sartén, caliente 150 gramos del azúcar, la glucosa líquida y 4 cucharadas de agua hasta que esté a punto de hervir. Vierta esto gradualmente sobre las yemas, batiendo con un batidor globo.
3 Coloque el bol sobre el agua hirviendo y ajuste el fuego a temperatura media. Cocine, mezclando con frecuencia, hasta que espese. Retire del fuego y deje enfriar.
4 Bata las claras hasta que estén suavemente firmes e incorpore el azúcar sobrante mientras bate, hasta obtener un merengue brillante y firme.
5 Bata la crema hasta obtener picos suaves y firmes; después, sin dejar de batir, agregue el jugo de manzana reducido.
6 Combine las tres partes, incorporando las tres con una cuchara grande de metal. Vierta cucharadas en una terrina larga de por lo menos 1 kilo de capacidad, después congele hasta que esté sólido.
7 Para servir, deje descongelar por 10 minutos, después rebane.

Nota: Un *jus* fresco y verde de manzana Granny Smith puede ser un sutil acompañamiento. Saque el corazón de 2 manzanas, después licue en una procesadora de alimentos y exprima un chorrito de jugo de limón. Cuele y chorree alrededor de cada rebanada de *parfait*.

Cheesecake de ruibarbo con compota de ruibarbo

Al principio de la primavera, se pueden conseguir tallos largos y delgados de ruibarbo tierno color rosa fosforescente. Necesita poca preparación, más allá de rebanarlo en trozos cortos. En esta receta se asa en el sartén y luego se deja enfriar en una compota sabor mantequilla escocesa. Se vierten cucharadas encima de un ligero mousse *de pastel de queso sobre una base crujiente de galletas molidas –y uso mis favoritas, ¡las Hob Nobs! En el restaurante las preparamos como* cheescakes *miniatura en moldes profundos especiales, forrando los lados con bastones de ruibarbo pelado que primero blanqueamos en un jarabe caliente. La versión que presento aquí del* cheescake *es más simple, pero igual de deliciosa.* **6 PORCIONES**

200 mililitros de crema para batir, ligeramente batida
Un paquete de 250 gramos de Hob Nobs
   (o las galletas inglesas conocidas como *digestives*)
75 gramos de mantequilla sin sal
2 cucharaditas de miel transparente
100 gramos de queso crema
100 gramos de *crème fraîche*
3 a 4 cucharadas de azúcar blanco finísimo
Ralladura de un limón
2 cucharaditas de jugo de limón

Compota
400 gramos de ruibarbo rosa joven
50 gramos de mantequilla sin sal
100 gramos de azúcar blanca finísima
1 vaina de vainilla, abierta por la mitad
Un ramillete de menta fresca, para
   decorar (opcional)

1 Primero prepare la compota. Lave el ruibarbo, seque sin frotar y recorte la base de los tallos. Pique lo demás en piezas de 4 centímetros de largo.

2 Caliente la mantequilla en un sartén antiadherente y, cuando esté caliente, agregue rápidamente los pedazos de ruibarbo. Agregue el azúcar y cocine por unos 5 minutos sobre una flama suave hasta que el ruibarbo esté tierno al picar, pero todavía mantenga su forma.

3 Mientras tanto, abra la vaina de vainilla y ráspela para sacar las semillas, y mezcle con la crema para batir. Reserve. Agregue la vaina a la compota de ruibarbo, después deje que se enfríe para tomar un sabor a vainilla. Refrigere.

4 Muela las galletas en finas migajas en una procesadora de alimentos. O coloque en una bolsa de plástico gruesa para comida, retuerza la parte superior para que se selle y suavemente aplaste las galletas con un rodillo hasta convertirlo en migajas. No dé golpes demasiado fuertes o la bolsa puede reventar.

5 Derrita la mantequilla con la miel en un sartén, agregue las migajas y combine hasta obtener una mezcla homogénea. Espolvoree la mezcla en un molde desmontable para pastel, de 21 a 23 centímetros de diámetro. Con una cuchara, aplaste las migajas y presione bien por las orillas también. Refrigere hasta que esté firme.

6 Licue el queso crema, la *crème fraîche* y azúcar con la ralladura de limón y el jugo en una procesadora de alimentos hasta que esté cremoso. Con un cucharón, coloque en un bol. Bata la crema con sabor a vainilla hasta que esté suavemente firme (cuando la crema forme picos suaves). Cuide de no batir demasiado. Incorpore la crema a la mezcla de queso y con una cuchara, sirva sobre la base preparada de galletas. Refrigere para que quede firme.

7 Vierta cucharadas de la compota sobre el *cheescake* justo cuando esté por servir, retirando primero la vaina de vainilla. Si prefiere, puede poner una cucharada de compota en cada plato junto a una rebanada de *cheesecake* y decorar con hojitas de menta.

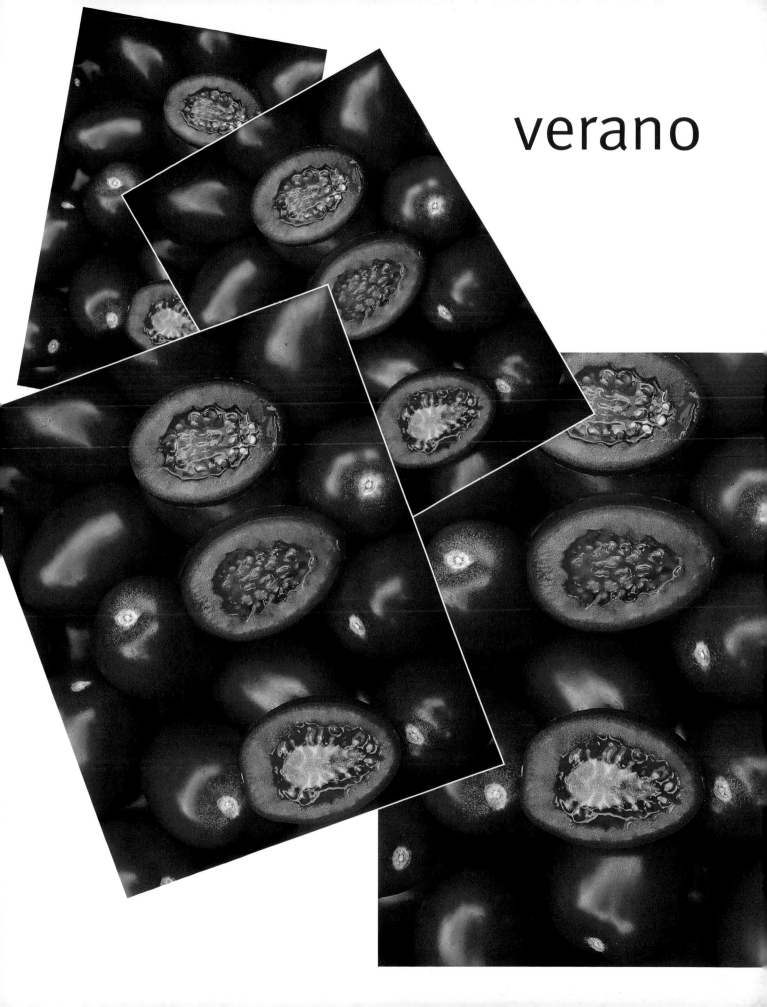

verano

Para mí el verano comienza a mediados de mayo. Para la tercera semana de mayo ya agarré el ritmo completamente; estamos justo a un lado del Chelsea Flower Show, y —como cualquier entusiasta de los eventos sociales le podría decir— sin duda es ahí donde arranca la temporada de verano. Durante toda esa semana el almuerzo es increíblemente frenético, pero nos honran con su presencia muchos clientes muy elegantes... ¡y sus hermosos sombreros!

Comencemos con los **jitomates**, que están repletos de tremendo sabor debido al calor del principio del verano. Usamos principalmente jitomate saladet (los mejores nos llegan de Italia) y jitomate cherry en rama y cultivado en casa. Nos gusta rellenar los saladet con un *ratatouille* finamente picado para servir con pescado a la plancha, como el salmonete, o el centro del lomo de un cordero lechal frito en sartén. Recuerdo que cuando era un joven *commis* en París, una de las entradas de Guy Savoy me dejó pasmado: mitades de jitomate saladet rellenas de rabo de buey estofado y después gratinadas. Ese sabor ácido y afrutado del jitomate que cortaba lo pesado del rabo de buey era la perfección.

Los jitomates cherry han hecho una gran diferencia en nuestra cocina. No sólo tienen un excelente sabor, sino que con las hermosas pieles rojas, casi nunca tenemos que agregarle puré concentrado de jitomate a los caldos para acentuar más el color. Los jitomates cherry son buenísimos para preparar deliciosas sopas con pedacitos de *mozzarella di bufala* flotando encima y para hacer impactantes gazpachos y vinagretas de jitomate.

Para una guarnición ingeniosa, puede hacer *tuiles* o rebanadas crujientes de jitomate. Es muy fácil, pero necesita un horno a temperatura muy baja, casi como una salamandra. Si no lo tiene, puede dejar abierta la puerta del horno con una cuchara de madera. Lo único que tiene que hacer es con un cuchillo de sierra cortar delgadas rebanadas de jitomate saladet o jitomate bola muy firme y rojo brillante; acomode las rebanadas sobre un forro de silicón para hornear, estirado sobre una charola para hornear, y espolvoree con sal marina y pimienta negra. Después simplemente deje secar en el horno a temperatura baja por varias horas, hasta que los jitomates estén firmes y les pueda quitar el forro. El tiempo depende del horno; en el nuestro, toma de 12 a 16 horas con el piloto (aunque ya son pocos los hornos que tienen eso). La primera vez que los haga, comience en la mañana y revise después de 4 horas, y después alrededor de cada hora. Una vez que estén secos, acomódelos sobre una rejilla para secar y que se vuelvan un poco más crujientes.

Cuando se acerca la época del festival de Chelsea comenzamos a recibir provisiones de mi comida favorita de verano, las **papas de Cambray Jersey Royal**, que tienen forma de riñón. Podría sentarme con todo gusto a comer un plato entero de estas papas solas, pues tienen muchísimo sabor. Desde el punto de vista de cocinero, realmente se puede hacer mucho con ellas gracias a su consistencia cérea. Son buenas para hacer puré de papas, si escoge las más grandes: las horneamos en una cama de sal de roca (usando los guantes de hule) y las pasamos por un pasapurés. También machacamos las Jersey hervidas contra la orilla del sartén y agregamos aceite de oliva, aceitunas picadas y jitomate, para hacer *pommes écrasées*.

Y son lo máximo salteadas en aceite de oliva o grasa de ganso. Las cáscaras de las Jersey Royals son tan delicadas que sólo necesitan tallarse ligeramente si se sirven enteras, simplemente hervidas o tibias en ensalada (la forma más sencilla es mezclarlas con un poco de vinagreta cuando aún están calientes). Se puede preparar una estupenda ensalada de papas Jersey combinadas con un poco de mayonesa casera (a la que diluyo un poco con crema o más vinagreta) y cebollitas picadas, y encima perejil o perifollo fresco picado. Como las Jersey Royal tienen una temporada tan corta —de seis a ocho semanas más o menos, y no crecen en ningún otro lugar— realmente tratamos de aprovecharlas.

No sé quién fue el primero al que se le ocurrió cocinar con **flor de calabaza**, pero agradezco la fuente de inspiración. Como ingrediente es realmente versátil, y de una encantadora y frágil belleza. Las flores que nos traen todavía tienen minúsculas verduritas del largo de mi meñique. Sé que no se pueden comprar fácilmente, pero son sencillas de cultivar en casa, así que no considere a la flor de calabaza como un ingrediente elitista. En Francia, los agricultores especializados colocan delgados vasos de plástico sobre las flores que están saliendo para que los pétalos crezcan de forma cóncava. Esto hace que la flor madure con la forma perfecta para rellenar.

Yo uso las flores de calabaza de dos maneras, sin quitar jamás la pequeña verdura. Para la primera, lleno las flores con un *farci* o relleno ligero, por ejemplo un *mousse*, un *ratatouille* finamente picado o hasta un cuscús picante, y luego las preparo al vapor sobre un caldo hirviente aromático. Las sirvo con un delicado *jus* de alcachofas de Jerusalén o una salsa *velouté* ligera. Otra de mis preparaciones favoritas es cortar cuidadosamente un lado de la flor y abrirla como si fuera una hoja de papel, y después remojarla en la más ligera *beignet* o masa de

buñuelo. La frío por uno o dos minutos con mucho aceite de oliva caliente, para poder servirlo estilo tempura con un poquito de mermelada de chile recién preparada.

Otro favorito del verano son los hongos duraznillo silvestres (también conocidos como *chanterelles*), los cuales obtenemos principalmente de Francia, aunque cada vez más (me da gusto decirlo) de Escocia. Su cálido color amarillo dorado agrega un toque de lujo a nuestros platillos. Tendemos a usar los más pequeños para adornar y servir con los platillos. Salteamos los más grandes y los servimos con mejillones en salsa de crema, o los convertimos en duraznillos *duxelles* para combinar con la *velouté* de pescado. Los duraznillos necesitan prepararse con cuidado: hay que enjuagarlos muy bien para quitar toda la tierra y luego dejarlos secar por completo. Cuando hay muchos duraznillos, mostramos a los jóvenes asistentes cómo preservarlos para el resto de la temporada (véase la página 213 para instrucciones).

Después de mi temporada en París, tuve un trabajo cocinando en un barco en el sur de Francia, donde aprendí de primera mano sobre las aceitunas negras. Iba cuando podía al mercado de aceitunas en la parte vieja de Niza para hablar con los cultivadores de aceituna, o más bien para escucharlos hablar, porque les apasionaban sus frutos. En el restaurante sólo usamos aceitunas negras de Niza. Son frutas perfectas y bien formadas, y casi no necesitan que se les agregue nada: ni ajo, ni limón ni chile. Las picamos finamente y las combinamos en una tapenade, y después las colocamos en *quenelles* encima de salmón a la plancha. Además las esparcimos sobre cordero *niçoise* o las agregamos al *ratatouille* fresco. Tampoco puedo parar de comerlas solas.

Otro favorito de mi época en el Mediterráneo es el tomillo fresco en ramitos, especialmente el tomillo limón. Lo uso de muchas maneras durante todo el año (no hay necesidad de usar tomillo seco porque generalmente es fácil de obtener). En el verano, el tomillo es especialmente vigoroso, y muchos platillos dulces y salados se benefician de su presencia. Quitamos las puntas de los ramitos, a las que les decimos 'flores', y las esparcimos sobre el cordero mientras se asa, o encima de vieiras regordetas y papas de Cambray salteadas. Casi siempre usamos el tomillo en marinadas y lo atamos en *boquets garnis*. Hasta lo usamos en la *crème brûlée* dulce y hacemos una infusión con ellas en la base de natilla para el helado.

Siempre se nota cuando una comida se puso de moda, porque los supermercados comienzan a vender sus propias versiones. Hace unos años se pusieron de moda las flores comestibles en las ensaladas, y por un tiempo se podían comprar ensaladas mixtas con flores. Las modas florecen y luego se desvanecen, pero nosotros todavía disfrutamos usarlas en la cocina, principalmente para hacer infusiones con mezclas cremosas como las natillas, o en un *ganache* de chocolate dulce y cremoso. En estos momentos disfruto usar el jazmín y la lavanda: las dos tienen fragancias florales ligeras que hasta agregan un toque de misterio; ni mis comensales habituales adivinan el sabor elegante. Servimos jazmín en un consomé, cristalizamos las flores delicadas para la pastelería y las usamos para acentuar sutilmente los sabores de un sorbete de té que preparamos con Earl Grey. Mientras que el jazmín se usa fresco, las flores de lavanda son mejores secas, para que el sabor se concentre, y después se frotan para separarlas de los tallos. Machacamos las flores para mezclar (un poco) en galletas de mantequilla o las espolvoreamos en una masa para pan dulce antes de hornear.

Hay dos especias que me recuerdan el verano, hasta en el más profundo invierno: el azafrán y la canela. Las dos tienen sabores muy profundos y necesitan usarse con moderación, para que el platillo no peque de exageración. Sin duda, con ellas menos es más. Es importante asegurarse de que el azafrán esté muy seco para que los hilos se puedan machacar en un polvo sólo con los dedos. Espolvoreamos el azafrán en la piel de pescados como el salmonete, sólo una pizca por pescado, y luego lo dejamos marinar por unos 5 minutos. Esto permite que el sabor del azafrán impregne la carne y que la piel se cocine hasta obtener un color rojo-dorado. También usamos el azafrán en la sopa de mejillones, lo usamos con poro y para darle un sabor exótico y color oscuro a la masa de la pasta (primero haga una esencia concentrada y machaque los hilos en un poco de agua hirviendo; después sacuda unas gotas en la pasta mientras la amasa para suavizarla). El azafrán es un clásico en el *risotto* y el *pilaff* (de nuevo, sólo una pizca o dos), pero ¿alguna vez lo ha probado en helado? Es delicioso. Haga una infusión con los hilos en la crema y leche de la natilla, antes de batirla completamente.

Puede hacer helado fantástico con canela también, y es delicioso en los jarabes para frutas como las peras y manzanas. Para mí, la fruta que está hecha para que la canela la favorezca es el higo negro, que nos llega de Egipto a finales del verano. También usamos canela y la mezcla de cinco especias chinas, en intensas salsas de vino tinto para servir con pescados de consistencia firme y mucho sabor, como el rodaballo o el rémol.

Aunque los franceses presumen la frescura de las langostas de Bretaña, en los mejores restaurantes de París en los que trabajé en realidad las langostas venían de Escocia. Hoy siempre intento usar langostas atrapadas en las cristalinas aguas del oeste de Escocia, alimentadas por aguas provenientes de los *lochs*. Si no encontramos ésas, usamos las canadienses. Al preparar langosta, una buena regla es la siguiente:

cuanto más cuesta, menos le tienes que hacer. Una de mis primeras especialidades fue la langosta asada con vainilla, sencilla pero espléndida. En el verano escalfamos langostas en un *court bouillon*, después las servimos sobre un guacamole picante, con un consomé transparente de jitomate. Las langostas son criaturas naturalmente fieras y se atacan entre ellas, arrancándose las tenazas si pueden. Como frecuentemente picamos la carne para rellenar los *ravioli*, compro lo que en la industria llaman las 'lisiadas', que son a las que les falta una tenaza, a veces dos. La carne de la cola de todos modos es suculenta, aunque sea lamentable ver a una langosta sin tenazas.

Tengo algo que confesar: juzgo la capacidad de cualquier nuevo chef asistente que comience a trabajar en mi cocina, por la habilidad que muestra para abrir las maravillosas vieiras que nos entregan en las cocinas cada día. Una comida tan hermosa siempre es cara, y no podemos equivocarnos. Tomamos sólo las vieiras capturadas a mano en el oeste de Escocia. Nos las entregan frescas, así que pulsan cuando las abrimos. No es un trabajo sencillo, ya que las conchas están completamente cerradas. Le digo a los nuevos reclutas que el secreto está en ser muy astuto; es el hombre contra el músculo. Entierre la punta del cuchillo sólo en la bisagra y rompa el músculo que mantiene unidas las dos conchas. Una vez que haga eso, podrá sentir cómo se relaja la vieira, y las dos conchas se pueden separar. Después coloque la punta del cuchillo bajo la vieira y los holanes de su concha, y suavemente sáquela por completo, con todo y coral. (Nosotros no usamos los corales, pero a veces los secamos en un horno a temperatura baja toda la noche; después los molemos en un polvo fino, para darle sabor al *risotto* o usarlos en salsas).

Las vieiras vienen en varios tamaños. Las nuestras por lo general pesan unos 50 gramos después de limpiar, sin los corales.

Si son más grandes que eso, guardan demasiada agua y pueden estar duras. Las vieiras más frescas las usamos crudas, picadas en *tartare*. Mi forma favorita de cocinar las vieiras es espolvorearlas con especias y saltearlas, después revolverlas rápidamente con papas de Cambray para preparar una ensalada tibia.

Las volandeiras son más pequeñas y son ideales para el *risotto* y las ensaladas mixtas. Son un poco complicadas de abrir, pero un cuchillo sin filo ayuda con la concha y una cucharita ayuda a separar la volandeira. Criada en aguas más cálidas que las vieiras gigantes, éstas tienen un sabor ligeramente más dulce.

La pesca ha sido una de mis grandes pasiones desde que era muy pequeño, cuando mi padre me llevaba con mi hermano a los *lochs* escoceses a pescar. A principios del verano muero por ir a atrapar salmón salvaje mientras regresa a sus áreas de desove en el río Dee. Después de una increíble nadada de miles de kilómetros, la carne de estos peces magníficos es musculosa, está repleta de sabor y tiene un color rosa oscuro gracias a su dieta natural. Las colas y las aletas son de gran envergadura cuando se comparan con sus parientes menos afortunados de criadero; sus cabezas se afilan hasta terminar en una pronunciada nariz de gancho que utilizan para escarbar bajo piedritas y rocas en busca de alimento y protección. Los pescadores de hoy se benefician de la sofisticada tecnología de la foto submarina, que puede tabular el progreso y tamaño del salmón mientras nada a casa. Y eso es increíble de observar.

Una comida natural tan perfecta necesita muy poco embellecimiento de mi parte; sólo hace falta recortar para que quede parejo y prepararla sencillamente a la plancha o freírla en sartén del lado de la piel noventa y cinco por ciento del tiempo, pues debe cocinarse hasta quedar apetitosamente crujiente. El

salmón salvaje y el bacalao son los únicos dos pescados que sazono unos 20 minutos antes, para sacar la humedad de la piel y acentuar ligeramente el sabor. A veces marco la piel y le clavo las puntas de ramos de tomillo, y luego froto la piel con aceite de oliva.

Siento un gran cariño por el caviar (seguramente eso no sorprende a nadie). Mi favorito es el 'caviar dorado', del esturión Karaburun blanco. En el restaurante usamos principalmente el Osietra, con su consistencia firme y sabor a nueces, y el Sevruga, ideal para salsas y guarniciones. Toma varios años que un esturión alcance el tamaño perfecto para que la hueva sea la adecuada para el caviar, y en parte es por eso que es tan caro. No siempre es fácil conseguir uno bueno por tu dinero y, aunque lo vendan enlatado, la calidad puede variar muchísimo. La hueva puede estar magullada o aceitosa o puede ser insípida. La mejor forma de garantizar la mejor calidad es comprándole a un buen proveedor. Mi marca favorita es la Imperial Caviar UK, que pertenece a un amigo iraní, Ramin Rohgar. Se ha escrito mucho sobre el mal control de calidad de ciertos proveedores de caviar y los problemas de la sobreexplotación pesquera (una vez que atrapan al pez, no lo pueden volver a echar al mar para que siga creciendo). Los iraníes tienen mejor control de calidad porque su sistema político es más estable. Además, los esturiones del sur del mar Caspio son más grandes y no están tan sujetos a la sobreexplotación. El caviar aparece en el menú con langosta escalfada y en una guarnición con *crème fraîche*. También la incorporamos a los huevos revueltos y a las salsas *velouté* de pescado y las mezclamos con mantequilla de erizo. Pero, con todo y todo, la mejor forma de comer caviar es en una concha de madreperla con una cucharita fina de concha nácar.

Incluso en el verano, a muchos de nuestros clientes les gusta un buen bistec, muchas veces con una salsa ligera como crema

de perejil y duraznillos de verano salteados. Mi corte favorito es el *ribeye* de res. Ha sido popular desde hace mucho tiempo en Escocia, y ahora aparece en menús más "al sur". Es igual de bueno que el filete en cuanto a suavidad con –me parece– más sabor. Toma sólo unos minutos cocinarlo con o sin el hueso (con el hueso es el clásico filete 'T-Bone'). Nosotros compramos *ribeye* en un pedazo grande o lo envolvemos bien con plástico autoadherente y lo refrigeramos por lo menos 24 horas para que agarre forma, antes de cortarlo en filetes parejos.

El verano no es verano sin duraznos. Mis favoritos son las variedades de pulpa blanca de Italia, de los que nos abastecen de mayo en adelante. Después empiezan a llegar duraznos amarillos firmes y jugosos. Aunque hay poco mejor que un durazno fresco perfecto servido en simples rebanadas, es un ingrediente muy versátil, y le sacamos el máximo provecho a esto en nuestra cocina, tanto en los platillos salados como en los dulces. Cuando hay más abundancia, hacemos frascos de *chutney* de durazno (véase la receta en la página 213) para servir con *foie gras* fresco, *pâté* y pollo asado con mantequilla, y con pan de queso y nuez. Los duraznos fritos al sartén y glaseados con azúcar y vinagre son memorables con pato, ganso o cordero.

Una de mis formas favoritas de servir los duraznos es maridar la pulpa dulce y suculenta con tomillo aromático, una hierba que parece cortar la dulzura del sabor del durazno y elevar el aspecto frutal. Es una combinación que funciona bien con duraznos escalfados simplemente en un jarabe de azúcar con sabor a tomillo, y con duraznos servidos con un helado casero de tomillo.

También hacemos *tuiles* ligeras y crujientes de durazno, cortando sólo la fruta madura y firme en rebanadas muy delgadas, cubriéndolas ligeramente con almíbar y secándolas en el horno por unas horas. Para obtener la forma de teja, apretamos las rebanadas secas contra un rodillo y las dejamos así hasta que se vuelven crujientes. Las *tuiles* de durazno son un adorno muy bonito para los budines cremosos.

A mediados y finales de verano empiezan a llegar nuestras provisiones de higos desde Italia. Éstas son frutas regordetas, hermosas y de cáscara oscura, con una superficie llena de pelusa y pequeñas puntas en forma de gancho. Su estación dura poco, así que las usamos de todas las maneras posibles. Tienes que juzgar bien su madurez: si están verdes, les sale un líquido lechoso; si están demasiado maduros, se ponen aguados. Adoro asarlos enteros con un caramelo con sabor a vinagre balsámico, o simplemente con azúcar, mantequilla y canela. Se pueden hervir a fuego lento para transformarlos en un *chutney* con pedazos, delicioso con *foie gras*. También hacemos finísimas rebanadas de la fruta firme y las secamos en *tuiles*. Mi más reciente creación es el *carpaccio* de higo, que es casi vergonzosamente fácil de preparar. Tome fruta firme y pele ligeramente, quitando las puntas, después corte a la mitad y con una cuchara saque las semillas. Acomode las mitades entre grandes pedazos de plástico autoadherible y golpee con un rodillo hasta que estén muy delgadas. No golpee con demasiada fuerza, sólo la suficiente como para que queden muy planas y parejas. Después congele y mantenga así hasta que sea hora de servirlas. Saque del congelador, quite el plástico y coloque directamente sobre un plato grande y plano. Cubra con un *pâté* grueso, como el Mosaico de Carne de Caza Otoñal en la página 130, o algunas paradisíacas rebanadas de *foie gras* frito en el sartén. ¿Qué más puedo decir?

Cuando apenas empezaba el restaurante Aubergine, éramos muy atrevidos y dábamos a los comensales cerezas frescas y maduras acomodadas en platos hondos de hielo triturado, en lugar de *petits fours*. La idea fue un éxito, ya que el aspecto jugoso y frutal limpiaba los paladares saciados perfectamente bien. En pleno verano nos llegan cerezas rojas oscuras y exquisitas de España, y de verdad disfruto comerme toda una pila de ellas. En otras épocas del año, los cultivadores de Italia, Estados Unidos, Chile y Sudáfrica nos mandan fruta hermosamente dulce. Las cerezas son buenas tanto en los platillos dulces como en los salados. Son un clásico para acompañar la pechuga de pato, y me gustan en una salsa de caramelo y vinagre balsámico. También las puede usar en una sopa de postre, así como para helado de cereza fresca (quítele el hueso a unos 300 gramos de cerezas y macháquelas, luego combine con una espesa *crème anglaise* y bata en una máquina para hacer helado). Son estupendas con galletas de almendra.

Sé que el chocolate no es estacional, pero lo asocio con el verano porque me gusta combinarlo con la fragancia embriagadora de las flores de lavanda. La persona que me dio la idea por primera vez fue un chocolatero francés que conocí cuando cocinaba como chef invitado en el Singapore Raffles. Este 'maridaje' de sabores no es tan sorprendente, por supuesto: desde los primeros días en que se empezó a preparar chocolate en Europa, los cocineros han acentuado el chocolate con sabores florales. Por ejemplo, la rosa, como se encuentra en las barras de delicias turcas cubiertas de chocolate; y la violeta, el geranio y otras cremas florales en cajas de chocolate. Tanto el chocolate oscuro como el mediano y el blanco se benefician de la relación con la lavanda. En el caso del chocolate blanco, nos gusta derretirlo lentamente (incluso toda la noche) a temperatura baja, con dos buenos racimos de lavanda para perfumarlo. Al siguiente día sacamos la lavanda con una coladera o una cuchara, dejando su fragancia floral en el chocolate.

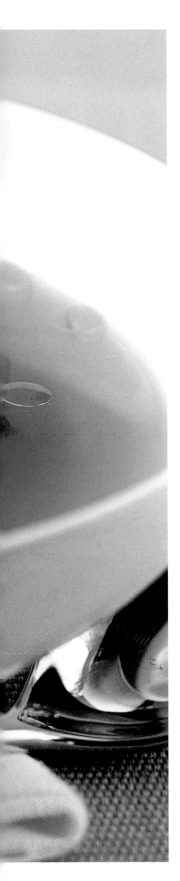

Caldillo de jitomate con *paysanne* de verduras

Ésta es una versión del consomé de jitomate que servimos en el restaurante con colas de langosta baby. Como sopa fría de verano no tiene igual. Aunque queda tan transparente y luminoso como una copa de vino espumante, le garantizo que nunca probará un sabor a jitomate tan pleno y fresco. Los delicados adornos flotantes ostentan las mejores verduras del verano. **4 PORCIONES COMO ENTRADA**

2 echalotes grandes, picados

4 cucharadas de aceite de oliva, y un poco extra para servir

1 kilo de jitomates saladet maduros, picados en trozos grandes

2 dientes de ajo, rebanados

1 cucharadita de sal marina fina

1 cucharadita de azúcar

Una cucharadita de cada: albahaca, perifollo y estragón frescos

4 huevos blancos orgánicos

$\frac{1}{4}$ cucharadita de pimienta blanca entera

$\frac{1}{4}$ cucharadita de pimienta negra entera

50 gramos de chícharo chino, con los extremos recortados

50 gramos de ejotes verdes finos, con los extremos recortados

Unas 20 puntas de espárragos

1 Sude los echalotes en 3 cucharadas de aceite por 3 minutos hasta que se suavicen, después agregue tres cuartas partes del jitomate picado, el ajo, la sal marina, el azúcar y las hierbas. Cocine a fuego medio por unos 10 minutos, mezclando ocasionalmente, hasta que esté un poco pulposo.

2 Vierta un litro de agua y haga hervir. Hierva a fuego lento por unos 20 minutos, quitando toda espuma de la superficie con un cucharón.

3 Forre un colador con un pedazo grande y mojado de manta de cielo o una toalla de cocina delgada y limpia, y coloque sobre un recipiente. Vierta el líquido de tomate por el colador, presionando lo que quede de la pulpa con una cuchara. Enfríe el líquido colocando el recipiente en un contenedor de agua helada.

4 Licue los tomates picados restantes con las claras de huevo y la pimienta en un procesador de alimentos. Vierta en un sartén grande y agregue el líquido colado de jitomate.

5 Haga hervir el contenido del sartén lentamente, dejando burbujear a fuego lento por 20 minutos. Deberá notar que el líquido se vuelve completamente transparente conforme burbujea.

6 Enjuague la manta de cielo o el paño de cocina y vuelva a colocar en el colador sobre un recipiente. Lentamente vierta el líquido en el colador forrado; deberá salir completamente transparente al pasar por ahí. Si no, vuélvalo a pasar lentamente por el colador colocado sobre otro recipiente. Refrigere hasta que esté listo para servir.

7 Para preparar la guarnición, corte los chícharos chinos en rombos. Caliente la cucharada sobrante de aceite en un sartén pequeño y suavemente fría los chícharos chinos, ejotes y puntas de espárragos por unos 3 minutos hasta que empiecen a estar tiernos. Escurra en una toalla de papel.

8 Distribuya los chícharos chinos, los ejotes y los espárragos en cuatro platos hondos grandes. Vierta encima el caldillo. Si gusta, puede rociar un poco de aceite de oliva extra virgen. Sirva de inmediato.

Sopa de pimiento y jitomate con coctel de cangrejo

Una sopa no tiene que estar repleta de líquido con una mezcla de objetos picados que flotan encima. A veces me gusta crear una pieza central con una combinación parecida a este coctel de mariscos y rodearla con un caldo ligero y lleno de sabor. Escoja jitomates saladet maduros para esta receta. Si desea darle más sabor al pimiento, primero áselo o póngalo un rato a la plancha. El cangrejo fresco es el mejor, no es tan aguado como el congelado y tiene un sabor más dulce que el de lata. En los meses más fríos de invierno se puede usar carne de langosta en lugar de cangrejo.

4 PORCIONES COMO ENTRADA

3 cucharadas de aceite de oliva, y
   un poco extra para rociar
2 pimientos rojos grandes,
   como 500 gramos de peso total, picados
6 jitomates saladet grandes y maduros,
   como 500 gramos de peso total, picados
4 echalotes, picados
Unas 12 hojas de albahaca fresca
1 ramito de tomillo fresco
1 hoja de laurel pequeña
800 mililitros de jugo de jitomate
100 mililitros de crema para batir
250 gramos de carne fresca de cangrejo blanco

1 manzana Granny Smith, pelada, sin el
   centro y picada finamente
1 lechuga *baby* Cos o romana, triturada
   finamente
1 aguacate maduro
Sal marina y pimienta negra recién molida

Salsa
4 a 6 cucharadas de Mayonesa (página 213)
1 cucharada de puré concentrado de jitomate
Unas gotas de salsa picante
El jugo de 1 limón

1 Caliente el aceite en un sartén grande y después agregue los pimientos, jitomates, echalotes y hierbas. Saltee suavemente por unos 5 minutos, después remueva, cubra y deje cocinar suavemente por 10 minutos.

2 Destápelo y saque el tomillo y la hoja de laurel. Agregue el jugo de jitomate y la crema y remueva; salpimiente bien y deje enfriar. Licue en un procesador de alimentos o licuadora hasta que esté homogénea y cremosa, limpiando las orillas una o dos veces. Pase por un colador a un recipiente, frotando con un cucharón. Deje enfriar la sopa durante por lo menos 2 horas.

3 Mientras tanto, revise el cangrejo con un tenedor para ver que no tenga pedacitos de caparazón ni cartílago, ya que puede ser muy irritante encontrarlos en medio de un platillo de ensueño. Coloque en un recipiente con la manzana y lechuga.

4 Para la salsa, bata la mayonesa con el puré concentrado de jitomate, salsa de pimiento, la mitad del jugo de limón y un poco de sal y pimienta. Mezcle con el cangrejo justo lo suficiente para hacer una mezcla firme, sin que quede seca.

5 Machaque el aguacate con un tenedor. Agregue el jugo de limón restante y un poco de sal y pimienta.

6 Revise la sazón de la sopa. (Las comidas frías necesitan más sal y pimienta que las calientes).

7 Coloque un molde para galletas, de unos 5 centímetros de diámetro, en medio de un plato sopero amplio. Con una cuchara, sirva una cuarta parte del aguacate en la base del molde, después agregue una cuarta parte de la mezcla de cangrejo encima. (Vea la fotografía de esta técnica en la página 221). Finalmente, cubra el cangrejo con un poco de la salsa sobrante de coctel y levante el molde suavemente. Repita con los otros tres platos.

8 Sirva la sopa alrededor de cada coctel de cangrejo y rocíe un poco de aceite si desea, y sirva de inmediato.

Sopa de berenjena y pimiento con jitomates cherry salteados

Esta sopa fría de verano usa berenjenas y pimientos que se asan dos veces. Es una receta poco usual que estalla con sabor mediterráneo. Se pueden servir porciones pequeñas como entradas o más grandes para una comida principal ligera con pan francés caliente o chapata. **6 PORCIONES COMO ENTRADA O 4 COMO PLATILLO PRINCIPAL LIGERO**

4 berenjenas medianas

Las hojas de un ramito de romero fresco

1 cucharadita de ajo picado, preferiblemente de la estación

Aceite de oliva, para freír

2 pimientos rojos grandes

2 pimientos amarillos grandes

1 echalote, picado

2 ramitos de albahaca fresca

1 cucharada de mostaza gruesa

300 mililitros de *Nage* de Verduras (página 212) o Caldo Ligero de Pollo (página 212)

Unos 250 mililitros de jugo de jitomate (opcional)

Unos 200 gramos de jitomates cherry en rama

Sal marina y pimienta negra recién molida

1 Precaliente el horno a 190ºC. Con un pelador, quite la piel de las berenjenas en tiras largas, cortando alrededor de 5 milímetros de la pulpa. Corte la piel en tiras delgadas y luego en cubos pequeños. Reserve.

2 Envuelva las berenjenas peladas en papel aluminio con las hojas de romero y el ajo. Ase durante unos 45 minutos o hasta que la pulpa esté suave y se deshaga. Reserve los jugos que se desprenden al cocinar.

3 Caliente unas 2 cucharadas de aceite de oliva en un sartén grande y, cuando esté caliente, cocine la pulpa suave de berenjena a fuego alto para darle un sabor ligeramente quemado. Agregue los jugos que reservó y salpimiente. Saque del sartén y deje enfriar.

4 Coloque los pimientos parados sobre una tabla y corte la pulpa desde el corazón, donde están las semillas y el tallo. (Es un buen consejo, pues evita que salgan volando las semillas por todos lados). Pique la pulpa del pimiento.

5 Agregue otra cucharada o dos de aceite al sartén y, cuando esté caliente, saltee el echalote hasta que esté ligeramente dorado. Agregue los pimientos y siga friendo a fuego alto por unos 5 minutos. Agregue la albahaca y mostaza, luego el *nage* de verduras o caldo. Haga hervir y salpimiente, y después deje hervir a fuego lento de 12 a 15 minutos. Quite del fuego y deje enfriar.

6 Deseche la albahaca y después vierta la mezcla de pimiento en el procesador de alimentos o licuadora. Agregue la berenjena y licue hasta que esté suave y cremosa. La sopa estará bastante espesa; si la quiere más líquida, agregue el jugo de jitomate gradualmente. Enfríe hasta que sea hora de servir.

7 Para preparar la guarnición, caliente un poco de aceite en el sartén y fría la piel picada de berenjena que reservó antes, hasta que esté ligera y crujiente. Tenga cuidado de no dorarla demasiado. Escurra en toallas de papel.

8 Agregue un chorrito más de aceite al sartén y caliéntelo. Quite los jitomates de la rama y fríalos, sólo para darle sabor a la piel. Quedarán un poco aguados, pero está bien. Escurra en una toalla de papel.

9 Revise la sazón de la sopa (debe ser bastante punzante y con un sabor fuerte) y después vierta en cuatro a seis platos hondos fríos. Divida los jitomates cherry salteados entre los platos y distribuya encima las hojuelas crujientes de berenjena.

Sopa fría de pepino con listones de salmón salvaje ahumado

En el restaurante con frecuencia servimos una sopa ligera de pepino en demi-tasse, *o tacita, como un* amuse-gueule *para abrir el apetito. El secreto del sabor profundo está en marinar y usar mi* nage *de verduras ligero y fragante. No sirva demasiado: mantenga intacta la delicadeza. Unas rebanadas delgadísimas de salmón salvaje ahumado (como el que prepara la establecida firma del este de Londres, Forman's) contrastan hermosamente con la sopa color verde pastel.*

4 a 6 porciones como entrada

2 pepinos grandes, lavados y secos
2 cucharadas de *horseradish* o rábano picante, batido
500 mililitros de Nage de Verduras (página 212)
Un puñado pequeño de ramos de menta seca
200 mililitros de crema para batir
Unos 100 gramos de salmón salvaje ahumado
Sal marina y pimienta negra recién molida

1 Corte los extremos de los pepinos. Corte en rebanadas finas, con todo y piel (lo que le da a la sopa su color glorioso). Esto se puede hacer con una mandolina o con las cuchillas para rebanar de un procesador de alimentos. Coloque en un recipiente grande.
2 Agregue el rábano picante y *nage* de verduras con un poco de sal y pimienta. Tuerza los ramos de menta para sacar el sabor y después agréguelos. Cubra y enfríe por unas 2 horas.
3 Quite los ramos de menta, después licue todo en un procesador de alimentos o licuadora hasta convertirlo en un suave puré. Pase el líquido a un recipiente por un colador fino, frotando la pulpa con un cucharón para que pase mejor. La sopa debe quedar bastante espesa. Con un batidor agregue la crema y revise la sazón: las sopas frías deben tener buen sabor o decepcionarán.
4 Rebane el salmón en tiras delgadas y coloque en el centro de cuatro a seis platos soperos, dependiendo si quiere servir mucha sopa o porciones más delicadas. Vierta la sopa fría alrededor y sirva de inmediato.

Nota: En lugar de salmón ahumado, puede probar con un poco de anguila ahumada cortada en tiritas.

Risotto de maíz dulce y cebollita

*Los italianos sirven el risotto como entrada, mientras que los franceses lo usan mucho para acompa-
ñar un platillo principal. Para mí es realmente versátil, pues puede también ser un platillo principal ligero. La receta básica siempre es la misma, pero las variaciones de sabor son las que le dan el carácter. Éste es un platillo ligero y refrescante si se usa el primer maíz dulce que llega en verano. Siempre
compre el maíz dulce en sus hojas verdes: los que vienen envueltos en plástico y se encuentran en
muchos supermercados ya perdieron el elemento jugoso de haber sido recién cosechados. En lugar
de agregarle mascarpone a los granos de arroz tiernos, yo los mezclo hasta obtener un puré de maíz
dulce.* **4 PORCIONES COMO ENTRADA O 2 COMO PLATILLO PRINCIPAL**

500 o 600 mililitros de *Nage* de Verduras
   (página 212) o Caldo Ligero de Pollo (página 212)
1 mazorca grande de maíz dulce, todavía con hojas
1 echalote, picado finamente
3 cucharadas de aceite de oliva
200 gramos de arroz para *risotto*
   (Carnaroli, Arborio o Vialone Nano)
Unas 4 cucharadas de vino blanco seco
2 cebollitas, cortadas en rodajas delgadas
Una lata de 200 gramos de crema de maíz dulce
3 cucharadas de queso parmesano recién rallado
Un buen trozo de mantequilla sin sal
Sal marina y pimienta negra recién molida

1 Coloque el *nage* o caldo en un sartén y caliente hasta que hierva suavemente.
2 Quite las hojas verdes y los sedosos hilos dorados de la mazorca. Pare la mazorca; la punta más
delgada debe apuntar hacia abajo. Con un cuchillo cebollero pesado, corte en línea recta a lo largo de
la mazorca, rebanando así los pequeños granos cuadrados (vea la fotografía de esta técnica en la página 218). Deseche el centro y coloque los granos en un recipiente. (Es posible que hayan caído por
toda la mesa).
3 En un sartén grande, lentamente saltee el echalote en 2 cucharadas de aceite por unos 5 minutos
hasta que se suavice pero no se dore. Agregue el aceite sobrante y los granos de maíz dulce. Cocine
por alrededor de un minuto, después agregue el arroz y cocine un minuto, revolviendo.
4 Agregue el vino y cocine hasta reducirlo por completo, después vierta con un cucharón una cuarta
parte del *nage* o caldo. Haga hervir, revolviendo, y después baje a fuego medio y deje que siga burbu-
jeando suavemente, hasta que se haya absorbido todo el líquido. Vierta otro cucharón de *nage* o caldo y repita el proceso, revolviendo todavía. Siga agregando el líquido con el cucharón, esperando que
se absorba cada tanto, mezclando constantemente, hasta que el arroz esté regordete y tiernito pero
no suave. Esto debe tomar unos 15 minutos. (Es posible que no necesite todo el *nage* o caldo).
5 Agregue las cebollitas y cocine por uno o dos minutos para calentar. Después agregue gradualmente la crema de maíz dulce, la mitad del parmesano y la mantequilla. Cuando esté caliente, salpimiente
bien y sirva de inmediato en platos no muy hondos, cubiertos de más parmesano.

Una ensalada *niçoise* especial

El atún fresco es fundamental para esta suprema ensalada de verano. Sugiero que busque el atún de aleta azul pescado con red, aunque el de aleta amarilla también es muy bueno. Pida un corte de lomo y evite cualquier pescado con carne moreteada o líneas de sangre. La receta es bastante sencilla, pero me gusta agregar un toque de lujo y usar pequeños huevos de codorniz en lugar de los típicos huevos de gallina cortados en cuatro. **4 PORCIONES COMO ENTRADA O COMO PLATILLO LIGERO**

12 huevos de codorniz

3 cucharadas de vinagre de vino blanco

100 gramos de ejotes delgados,
   con las puntas cortadas y rebanados
   a la mitad, si así desea

150 gramos de papas de Cambray

100 mililitros de Vinagreta Clásica
   (página 213) mezclada con
   3 cucharadas de crema para batir

4 jitomates saladet firmes, sin piel

50 gramos de anchoas saladas
   (las que venden sueltas)

50 gramos de aceitunas negras frescas

200 gramos de mezcla de ensalada *baby*
   (como puntas de escarola o lechuga hoja
   de roble, arúgula, lechuga romana *baby*)

4 filetes de lomo de atún, de unos 100 gramos cada uno

1 a 2 cucharadas de aceite de oliva

1 cucharada de vinagre balsámico

Sal marina y pimienta negra recién molida

1 Esta receta tiene muchas etapas, así que tenga todo preparado antes. Los huevos de codorniz cocidos serán más fáciles de pelar si primero se remojan por 20 minutos en agua fría con las 3 cucharadas de vinagre, bien cubiertos. Esto descompone el albumen duro de las cáscaras. Después escurra y cocine por 2 minutos en agua hirviendo. Escurra y meta en un recipiente de agua fría por 10 minutos, para que se enfríen. Pele y deje enteros.

2 Blanquee los ejotes en agua hirviendo por dos minutos, escurra y refresque en agua helada. Vuelva a escurrir.

3 Cocine las papas de Cambray por unos 12 minutos hasta que estén apenas tiernas. Escurra y agregue dos cucharadas del aderezo de crema. Deje enfriar.

4 Corte cada jitomate a lo largo en cuatro y con una cuchara saque todas las semillas. Deje esa forma de pétalo o corte a la mitad otra vez.

5 Enjuague las anchoas en agua tibia y córtelas en cubos grandes. Deshuese las aceitunas y rebane.

6 Revise las hojas de ensalada. Mezcle con los ejotes y revuelva rápidamente con el aderezo sobrante. Divida las hojas y ejotes entre cuatro platos no muy hondos o platos de mesa. Esparza las anchoas, los jitomates y las aceitunas encima. Acomode las papas y huevos alrededor de las hojas.

7 Ahora cocine los filetes de atún. Ponga al fuego un sartén grande antiadherente hasta que sienta que está caliente. Agregue un poco de aceite y después coloque los filetes de atún. Cocine de 1 a 2 minutos de cada lado hasta que se sientan ligeramente esponjosos al presionarlos. El atún todavía debe estar rosado en el centro. Si le gusta más cocido, déle más tiempo, pero no cocine demasiado o la carne quedará seca y dura de masticar. Desglase con el vinagre balsámico. Sazone y saque del sartén.

8 Corte cada filete a la mitad y coloque encima de las ensaladas. Sirva de inmediato.

Langosta escocesa con ensalada de mango y espinaca

Este platillo es un verdadero lujo para la vista, simplemente por sus impresionantes colores rosa, dorado y verde profundo. Sugiero que, para obtener el mejor sabor, cocine sus propias langostas (póngalas en el congelador primero para que se adormezcan). Otro consejo útil es que es más fácil quitarles el caparazón si todavía están tibias. **4 PORCIONES COMO ENTRADA O PLATILLO LIGERO**

Court Bouillon (página 212)
4 langostas vivas pequeñas, de unos 700 gramos cada una
2 mangos apenas maduros
3 cucharadas de Vinagreta Clásica (página 213)
150 gramos de hojas de espinaca *baby*
Sal marina y pimienta negra recién molida

1 Haga hervir suavemente el *court bouillon*, después agregue las langostas. Escálfelas suavemente de 5 a 6 minutos. Quite la olla del fuego y permita que las langostas se enfríen un poco en el *bouillon*.
2 Cuando las langostas estén lo suficientemente suaves como para manipular (use guantes de hule), sáquelas y quite la carne de los caparazones. Use tijeras fuertes, ya sea de cocina o de pollo, para poder separar el caparazón del cuerpo y sacar la carne en una sola pieza. Revise el tercer disco a lo largo del saco de tierra y sáquelo. Extraiga la carne de las tenazas y codos rompiendo los caparazones con el mango del cuchillo. Pique la carne de las tenazas y codos. Vuelva a colocar toda la carne sin caparazón en el *bouillon* otra vez y deje enfriar y absorber más sabor. Cuando esté frío, saque y escurra.
3 Pele los mangos, corte la pulpa del hueso central y pique en cuadros pequeños. Mezcle ligeramente con la mitad de la vinagreta.
4 Mezcle ligeramente las hojas de espinaca con la vinagreta sobrante y salpimiente bien. Acomode la espinaca en el centro de cuatro platos (nosotros las acomodamos como pétalos de flor).
5 Esparza encima el mango aderezado. Coloque la carne de las tenazas y codos de la langosta al centro. Rebane la carne de la cola de langosta en medallones y acomode encima del mango. Sirva tal cual.

Ensalada de volandeiras, chipirones y papas de Cambray confitadas

Delicada, bonita y única, ésta es una entrada elegante para una cena de verano especial. Necesita los chipirones muy pequeños, los venden ya limpios y con los tentáculos metidos en los cuerpos. Las pequeñas volandeiras, que se ven encantadoras en sus conchitas, están disponibles con más frecuencia con los vendedores de pescado de calidad. A veces las venden en redes, aunque algunas tiendas las venden ya sin concha. Si es así, revise que no estén congeladas o la carne tendrá un sabor aguado. Para las papas, use las pequeñas Jersey Royal, en su breve temporada, o intente las variedades Anya o Ratte baby. Por cierto, ya puede comprar grasa de ganso en lata; hasta mi supermercado local la vende.

4 PORCIONES COMO ENTRADA

200 gramos de papas de Cambray
  (cuanto más pequeñas, mejor)
100 gramos de grasa de ganso
200 mililitros de leche tibia
120 gramos de harina blanca
1 cucharadita de levadura seca
  que sea fácil de mezclar
4 chipirones, de unos
  75 gramos cada uno
Alrededor de 32 a 40 volandeiras,
  sin las conchas

Unas cuantas pizcas de polvo de curry suave
Un poco de aceite de oliva ligero, para freír
4 a 6 cucharadas de Vinagreta Clásica
  (página 213), mezclada con 2 cucharaditas
  de estragón fresco picado
Unos 300 gramos de hojas mixtas de ensalada
  (variedades con hojas suaves como el canónigo
  o lechuga hoja de roble)
Sal marina y pimienta negra recién molida

1 Primero, confite las papas; debe hacerse a fuego muy lento. Le puede ser útil un difusor de calor metálico. Coloque las papas y la grasa de ganso en un sartén muy pequeño; las papas deben quedar cubiertas con la grasa. Cocine al fuego más lento posible de 20 a 25 minutos hasta que empiecen a estar tiernas. La grasa puede burbujear ocasionalmente, pero no permita que se caliente más de eso, pues las papas deben cocerse y no freírse. Escurra en una toalla de cocina. Reserve la grasa.

2 Licue la leche, harina, levadura y una buena pizca de sal hasta obtener una masa espesa en el procesador de alimentos o licuadora. Vierta en un recipiente no muy profundo y reserve en el refrigerador por una hora.

3 Revise que los chipirones estén limpios por dentro y después seque sin frotar.

4 Sazone las vieiras con un poco de sal, pimienta y polvo de curry para que queden cubiertas. Vierta 1 cucharada de aceite en un sartén y, una vez caliente, agregue las vieiras y rápidamente mezcle por menos de un minuto. Saque y escurra, después agregue la mitad de la vinagreta. Reserve.

5 Corte las papas a la mitad. En un sartén, caliente una cucharada de la grasa de ganso que reservó antes. Cuando esté caliente, rápidamente dore las papas hasta que estén crujientes, después escurra y sazone. Mantenga caliente.

6 Revise las hojas de ensalada, sazone y mezcle ligeramente con la vinagreta restante. Monte en el centro de cuatro platos grandes.

7 Caliente alrededor de 1 centímetro de aceite en un sartén. Saque la masa del refrigerador y remoje los cuerpos y tentáculos de los chipirones, cubriendo de forma pareja. Colóquelos en el aceite caliente y cocine por un par de minutos de cada lado hasta que estén dorados y crujientes. No fría de más. Escurra y sazone.

8 Con una cuchara, sirva las vieiras sobre la ensalada y los chipirones encima de eso. Acomode las papas alrededor de la ensalada y sirva.

Tartare de vieiras y caviar dorado con *jus* de jitomate

Ya que nuestras vieiras son tan frescas, son perfectas para hacer tártaras delicadas y cremosas, simples y de sabor puro. Sin embargo, cuando se mezclan suavemente con una cucharada del singular caviar Imperial, se vuelven exquisitas. El caviar Imperial (también conocido como Osietra Dorado), que es la hueva del esturión Karaburun albino, tiene un brillante color dorado con un sabor suave y tonos de nuez. Mi provisión ocasional viene de Imperial Caviar UK, que pertenece a un gran amigo mío, Ramin Rohgar. Se compra en latas de 50 gramos. Use la mitad en la tártara y coloque lo demás delicadamente encima, como una resplandeciente guarnición. El jus *que se sirve alrededor de la tártara está hecho del extracto de jitomates frescos que se dejan gotear toda la noche: sorprendentemente, es transparente y no da pistas de su origen hasta que lo pruebas. Me parece muy, muy ingenioso.* **4 PORCIONES COMO ENTRADA**

400 gramos de jitomate saladet maduro
2 hojas grandes de albahaca fresca
8 vieiras muy frescas y grandes,
  sin sus conchas, sin corales
1 cucharadas de *crème fraîche*
1 cucharada de mascarpone
1 cucharada de perifollo fresco picado
1 cucharada de cebollín fresco picado
El jugo de ½ limón (aproximadamente)
50 gramos de caviar Imperial
Sal marina

1 Primero, prepare el *jus* de jitomate. Pique los jitomates en pedazos grandes, después licue en un procesador de alimentos con la albahaca y un poco de sal por sólo unos segundos hasta obtener un puré no muy homogéneo. Vierta en un colador de tela limpia suspendida sobre un bol. Permita que el jugo gotee por ahí toda la noche. El líquido saldrá transparente.

2 Ahora, si así lo desea, puede hervir el jugo para reducirlo a la mitad y concentrar el sabor, pero entonces no sabrá tan fresco. Ponga el *jus* en el refrigerador.

3 Para la tártara, pique las vieiras a mano muy, muy finamente, después mezcle con la *crème fraîche*, el mascarpone, las hierbas y la sal. Agregue el jugo de limón gota a gota, probando conforme lo haga, hasta que sienta que es suficiente. Suavemente incorpore la mitad del caviar.

4 Coloque un molde de galletas de 4 a 5 centímetros de diámetro en un plato pequeño y no muy hondo. Con una cuchara, vierta una cuarta parte de la tártara y suavemente empareje la parte de arriba. Quite el molde y repita con los tres otros platos hondos.

5 Con una cuchara, adorne cada tártara con el caviar restante. Sirva ligeramente frío, con el *jus* de jitomate en una jarrita aparte para rociar alrededor de cada montón.

Codornices veraniegas en aderezo de estragón y jitomate

Las codornices se ven muy apetitosas con sus pequeñas pechugas regordetas. Muchos sienten que son complicadas de comer, así que quitamos las pechugas después de asar y las enfriamos en un aderezo ligero de jitomate. Las servimos en una ensalada tibia de apio y duraznillos de verano. Una entrada estupenda. **4 PORCIONES COMO ENTRADA**

4 codornices frescas

6 cucharadas de aceite de oliva

½ jitomate pequeño, sin semillas y finamente picado

½ echalote, finamente picado

½ cucharadita de catsup

½ cucharadita de mostaza gruesa

½ cucharadita de jugo fresco de limón

1 cucharadita de estragón fresco picado

4 tallos pequeños de apio, cortados en tiras pequeñas

100 mililitros de Caldo de Pollo (página 212) o *Nage* de Verduras (página 212)

70 gramos de duraznillos frescos, con los tallos recortados, los grandes cortados a la mitad

Una cuantas hojitas de apio, para decorar (se pueden freír en abundante aceite, si gusta)

Sal marina y pimienta negra recién molida

1 Caliente el horno a 190°C. Frote las codornices ligeramente con un poco del aceite, salpimiente y ase por 12 minutos.

2 Mientras tanto, prepare un aderezo mezclando el jitomate finamente picado con el echalote, catsup, mostaza, jugo de limón, estragón y 3 cucharadas del aceite. Salpimiente bien.

3 Saque las codornices del horno y déjelas reposar por 10 minutos. Con un cuchillo filoso para deshuesar, saque las pechugas ligeramente cocidas, manteniéndolas enteras. (Use el sobrante para un caldo).

4 Caliente 1 cucharada del aceite sobrante en un sartén pequeño y saltee el apio hasta que esté dorado. Vierta el caldo o *nage*, sazone bien y cubra el apio con papel estrella. Deje hervir a fuego lento por unos 10 minutos hasta que se suavice y el líquido se haya evaporado.

5 Mientras tanto, saltee los duraznillos en lo que sobra del aceite por unos 5 minutos, revolviendo una o dos veces, después salpimiente.

6 Para servir, coloque el apio en el centro de cuatro platos de mesa. Con una cuchara, sirva los duraznillos encima. Acomode las pechugas de codorniz encima de eso y rocíe alrededor lo que sobre del aderezo. Decore con hojas de apio.

Linguine en salsa de langosta y duraznillos

Éste es un platillo bastante clásico (con sauce américaine), *y necesitará tiempo y paciencia para prepararlo. Pero definitivamente vale la pena. Es mejor comprar langosta viva para este platillo, ya que tiene que saltear los caparazones para darle un buen color a la salsa. Compre* linguine *fresco si puede, de una buena tienda italiana.* **4 PORCIONES COMO ENTRADA**

2 langostas vivas, de unos
  700 gramos cada una
Un poco de aceite de oliva, para freír
1 zanahoria pequeña, cortada en cubos muy pequeños
1 poro pequeño, cortado en cubos muy pequeños
1 cebolla pequeña, finamente picada
1 tira de apio pequeña, cortada en cubos muy pequeños
2 cucharadas de Pernod
100 mililitros de vino blanco seco
1 jitomate mediano, picado
2 cucharaditas de puré concentrado de jitomate

500 mililitros de Caldo de Pescado (página 212)
  o Caldo Ligero de Pollo (página 212)
250 mililitros de crema para batir
2 hojas grandes de albahaca fresca
120 gramos de duraznillos frescos,
  con los rabos recortados
25 gramos de mantequilla
Hojas de un manojo pequeño de perejil
  de hoja plana, picado
300 gramos de linguine fresco
Sal marina y pimienta negra recién molida

1 Primero, prepare las langostas. Congélelas hasta 30 minutos para que les dé sueño. Ponga a hervir una olla grande de agua y deje caer las langostas dentro. Deje por un minuto, después saque del agua y enfríe hasta que las pueda manipular. Quíteles la cabeza y las tenazas. Saque la carne del caparazón usando tijeras filosas o tijeras para pollo para poder cortar bien. La carne todavía estará cruda, pero lo suficientemente aflojada como para poder sacarla. Extraiga la carne de las tenazas. Resérvela.

2 Aplaste un poco los caparazones de la langosta para que quepan en un sartén grande. Caliente 2 a 3 cucharadas de aceite en el sartén y saltee los caparazones hasta que tengan un color rosa brillante. Agregue las zanahorias, poros y cebollas, y cocínelos unos 10 minutos hasta que estén bien caramelizados. Agregue el Pernod y cocine hasta que se evapore, después agregue el vino y cocine hasta que tenga la consistencia de un jarabe. Agregue el jitomate y el puré concentrado. Cocine 5 minutos más hasta que el contenido del sartén se vea bastante pegajoso. Agregue el caldo y hierva hasta reducir a la mitad. Finalmente, agregue la crema y las hojas de albahaca. Quite el sartén del fuego y deje enfriar, ocasionalmente aplastando los caparazones con un cucharón grande para extraer todo el sabor posible. Pase por un colador a una olla más pequeña, lista para recalentar.

3 Caliente una olla seca de base pesada y saltee los duraznillos para sacar toda la humedad. Escurra en una toalla de papel y deseche todo el líquido del sartén. Caliente la mantequilla en el sartén y, cuando pare de hacer espuma, saltee los duraznillos rápidamente hasta que estén bien cocidos. Sazone y espolvoree encima un poco del perejil picado. Mantenga caliente.

4 Cocine el *linguine* en agua salada hirviendo hasta que esté *al dente*, de 2 a 3 minutos. Escurra y mezcle con un par de cucharadas de la salsa. Mantenga caliente.

5 Caliente otro sartén con un poco de aceite y saltee la carne de langosta de 2 a 3 minutos. Rebane la carne de la cola en medallones y saltee.

6 Vuelva a calentar la salsa sobrante. Sirva el *linguine* al centro de cuatro platos calientes. Coloque la langosta y los duraznillos encima, y con una cuchara sirva la salsa y espolvoree con el sobrante del perejil.

Salmón salvaje escalfado con salsa de Gewürztraminer

El salmón salvaje tiene una consistencia más musculosa, un color más oscuro y un sabor más fino que el de criadero, simplemente porque crece en un ambiente oceánico completamente natural, nadando en corrientes fuertes y alimentándose de una dieta completamente salvaje. Irónicamente, no se puede clasificar como 'orgánico' porque los órganos reguladores no pueden garantizar el origen de su alimento. Su temporada es de febrero a agosto, cuando encontrará que el precio refleja una calidad de primera. Este pescado lleno de sabor queda bien con salsas de vino dulce, especialmente el especiado vino Alsace Gewürztraminer. Sirva con espárragos silvestres blanqueados y con mantequilla, y acompañe con papas de Cambray Maris Piper y tallos de brócoli en un aderezo de mantequilla de sabor almendrado. **4 PORCIONES COMO PLATO PRINCIPAL**

4 *darnes* de salmón salvaje (rodajas
  del centro del pescado con
  la espina central y la piel),
  de unos 150 gramos cada uno
Court Bouillon (página 212), para escalfar
120 gramos de espárragos silvestres o delgados
Un poco de mantequilla derretida
Sal marina y pimienta negra recién molida

Salsa
300 mililitros de vino Gewürztraminer
300 mililitros de Caldo de Pescado
  (página 212)
3 cucharadas de crema para batir
25 gramos de mantequilla

1 Asegúrese de que el salmón esté limpio y sin sangre en la región de la cavidad. Haga hervir suavemente el *court bouillon*, después agregue los *darnes*. Quite del fuego y deje que el pescado se cocine en el calor residual por 10 minutos.

2 Mientras tanto, para hacer la salsa, hierva el vino y el caldo juntos hasta que se reduzcan a la mitad, a 300 mililitros. Agregue la crema y la mantequilla, batiendo suavemente, y revise la sazón.

3 Blanquee los espárragos en agua hirviendo por 2 minutos, después escurra y refresque en agua helada. Vuelva a escurrir, después coloque en un sartén pequeño con un poco de mantequilla derretida lista para recalentar.

4 Quite el pescado del *bouillon* cuando se sienta firme. Cuidadosamente saque las espinas centrales y suavemente quite la piel. Coloque los *darnes* sobre platos de mesa calientes.

5 Brevemente vuelva a calentar los espárragos en la mantequilla derretida, después coloque sobre el salmón. Con una cuchara vierta encima un poco de salsa y cuele el resto a una salsera para repartir por separado.

Salmón salvaje con ensalada de lechuga marchita y pepino, y salsa de mantequilla y jitomate

La temporada de salmón salvaje comienza en febrero y dura hasta los meses de verano. Estos primos libres y salvajes del salmón de criadero tienen una carne más oscura y con menos grasa, y un sabor más fuerte. Fuera de estación, el siguiente mejor salmón es el criado en los lochs escoceses, en una dieta casi natural (orgánica), con corrientes artificiales que les ayudan a desarrollar el músculo. Tanto la ensalada y la salsa que aquí mostramos son de inspiración mediterránea. **4 PORCIONES COMO PLATO PRINCIPAL**

4 filetes gruesos de salmón salvaje,
   como de 150 gramos cada uno, sin la piel
3 cucharadas de aceite de oliva
1 pepino grande, pelado y cortado en cubitos
2 jitomates, sin la piel, sin las semillas y picados
100 gramos de aceitunas negras,
   sin el hueso y picadas
1 cucharada de perejil picado
2 lechugas Little Gem *baby*
3 cucharadas de Vinagreta Clásica (página 213)
Sal marina y pimienta negra recién molida

Salsa
250 gramos de jitomates
   madurados en la planta
1 cucharadita de vinagre de jerez
1 cucharadita de azúcar blanco muy fino
1 cucharada de albahaca fresca picada
100 mililitros de crema para batir
50 gramos de mantequilla,
   cortada en cubitos

1 Frote ambos lados de los filetes con una cucharada del aceite de oliva y reserve.

2 Mezcle el pepino, jitomate, aceitunas y perejil. Salpimiente bien y reserve esta ensalada.

3 Prepare la salsa: corte los jitomates a la mitad y licue con el vinagre, azúcar y albahaca en una licuadora. Vierta por un colador a un sartén, frotando con un cucharón. Cocine sin cubrir por alrededor de 10 minutos, hasta reducir a la mitad. Agregue la crema y hierva a fuego lento por uno o dos minutos, después bata con la mantequilla en cubos hasta que esté muy homogénea. Sazone y reserve.

4 Divida las lechugas en hojas, desechando el corazón. Caliente el aceite sobrante y saltee las hojas por alrededor de 2 minutos hasta que se marchiten. Sazone y reserve.

5 Ponga al fuego un sartén antiadherente de base pesada y, cuando esté caliente, agregue el salmón, con el lado sin piel hacia abajo. Suba a fuego medio y cocine por 3 a 4 minutos. Sazone el pescado conforme lo cocina. Voltee cuidadosamente y cocine el otro lado de 2 a 3 minutos hasta que el pescado se sienta ligeramente esponjoso. Sazone otra vez.

6 Para servir, aderece la ensalada con la vinagreta y coloque en el centro de cuatro platos de mesa. (En el restaurante la formamos bien con un molde grande para galletas). Acomode la lechuga marchita encima y después el salmón. Sirva la salsa alrededor.

Trucha café salvaje con sabayón de limón y caviar

Adoro pescar y me escapo a las playas o las orillas de los ríos cuando puedo. De mayo a agosto es la temporada de la cachipolla, así que me dirijo al río Kennet cerca de Hungerford y cebo mi anzuelo con cachipolla (a la que le echo aceite en spray para que flote). Cuando pesco trucha café, me gusta cocinarla y servirla en casa así, con un sabayón clásicamente simple, ligero y de huevo, con sabor a limón y una cucharada de caviar Osietra. Las papas de Cambray y los chícharos frescos son el mejor acompañamiento. **4 PORCIONES COMO PLATILLO PRINCIPAL**

2 truchas cafés salvajes,
   de alrededor de 1 kilo cada una

2 alcachofas globo grandes

Un chorrito de jugo de limón

Un poquito de aceite de oliva, para freír

Un buen trozo de mantequilla

Sal marina y pimienta negra recién molida

Sabayón

6 yemas de huevo de rancho

1 cucharadita de jugo de limón

Ralladura de 1 limón pequeño

1 cucharada de caviar Osietra

1 Rebane las truchas en filetes, dejando la piel. (O pídale a su vendedor de pescado que lo haga). Revise la carne para sacar espinas con las puntas de sus dedos, y saque con pinzas para depilar o pinzas delgadas. Marque la piel varias veces en cortes parejos, usando la punta de un cuchillo muy filoso. Reserve.

2 Corte los tallos de las alcachofas, quite las hojas y saque el centro de pelusa, para dejar los corazones. (Vea fotos de esta técnica en la página 216). Cocine los corazones en agua hirviendo salada, con el jugo de un limón exprimido, por unos 15 minutos. Escurra y deje enfriar, y después corte en rombos o rebanadas.

3 Fría los corazones de alcachofa en un poco de aceite y mantequilla hasta que estén bien dorados. Escurra y mantenga calientes.

4 Caliente la plancha. Mientras tanto, prepare el sabayón. Bata las yemas, el jugo de limón, una cucharada de agua y sal y pimienta en un recipiente sobre una olla de agua que hierve a fuego lento, hasta que la mezcla se triplique en volumen y se vuelva ligera y espumosa. (Es mejor hacer esto con batidor eléctrico de mano).

5 Frote un poco de aceite sobre la piel de la trucha y cocine a la plancha por unos 4 minutos para que la piel quede crujiente. Voltee, sazone la carne y frote con un poco más de aceite. Regrese a la plancha y cocine por unos cuantos minutos más hasta que apenas empiece a dorarse. Reduzca el fuego y siga cocinando hasta que la trucha se empiece a sentir firme, aunque esponjosa al presionarla, de 4 a 5 minutos.

6 Regrese el recipiente de sabayón al agua hirviendo y bata rápidamente para que se espume. Después quite del fuego e incorpore la ralladura de limón y el caviar.

7 Sirva el pescado sobre cuatro platos calientes, acomode alrededor los pedazos de alcachofa y con una cuchara vierta la salsa encima. Sirva de inmediato.

Rodaballo con buñuelos de flor de calabaza y salsa Noilly Prat

Cuando están en temporada las flores de calabaza, me gusta remojarlas en una masa ligera de cerveza y freírlas, aplastándolas con una espátula en el aceite caliente para que queden planas al cocinar. Éstas van sobre los filetes de rodaballo, servidos en una cama de espinaca marchita con una velouté *de Noilly Prat.* **4 PORCIONES COMO PLATILLO PRINCIPAL**

4 flores de calabaza, todavía con
  las pequeñas verduras pegadas

120 mililitros de leche al tiempo

75 gramos de harina blanca, y un poco extra para espolvorear

1 cucharadita de levadura seca que se disuelva fácilmente

1 cucharadita de cerveza

1 calabacita mediana, cortada en cubitos parejos

Aceite de oliva ligero, para freír

4 filetes de rodaballo, de unos 125 gramos
  cada uno, sin piel (idealmente cortados en forma de *tranche*)

15 gramos de mantequilla

250 mililitros de Caldo de Pescado (página 212)

120 gramos de espinaca *baby*

Salsa

2 echalotes, picados

10 gramos de mantequilla

100 mililitros de vino blanco seco

120 mililitros del vermouth Noilly Prat

250 mililitros de Caldo de Pescado
  (página 212)

1 cucharadita de estragón fresco picado

200 mililitros de crema para batir

Un chorrito de jugo de limón

Sal marina y pimienta negra
  recién molida

1 Primero prepare la salsa. Saltee los echalotes en la mantequilla por 5 minutos hasta suavizarlos. Agregue el vino y el Noilly Prat y cocine hasta reducir a una consistencia de jarabe. Agregue el caldo de pescado y estragón. Hierva hasta reducir a la mitad. Agregue la crema y hierva hasta reducir a la mitad otra vez. Revise la sazón, agregue un chorrito de jugo de limón y pase por un colador a una olla limpia. Reserve.

2 Ahora por las flores. Corte las diminutas calabacitas (todavía en la flor) a la mitad. Bata la leche con el harina, la levadura, cerveza y una buena pizca de sal. Reserve.

3 Saltee ligeramente la calabacita en cubitos en un poco de aceite caliente hasta que esté ligeramente dorada. Sazone y escurra en una toalla de papel. Caliente el horno a 200ºC.

4 Caliente una cucharada de aceite en un sartén antiadherente (con mango que se pueda meter al horno) y, cuando esté caliente, fría el rodaballo hasta que se caramelice bien de un lado. Meta la mantequilla y voltee el pescado cuidadosamente. Agregue el caldo de pescado. Cubra con papel estrella y transfiera al horno para cocinar por unos 7 minutos, rociando una vez con el caldo. Saque el pescado y deje reposar.

5 Ahora vuelva a las flores de calabacita. Mézclelas rápidamente con un poco de harina. Caliente 2 centímetros de aceite en un sartén profundo hasta unos 180ºC. Cuando esté caliente, remoje la flor en la masa, abra la pequeña calabacita y colóquela suavemente en el aceite caliente. Con una espátula, trate de mantener la calabacita abierta si es posible para que se cocine plana. Cocine por uno o dos minutos o hasta que esté bien dorada, después quite y escurra. Repita con las demás flores.

6 Para servir, asegúrese que estén muy calientes sus platos, y presione las hojas de espinaca sobre el centro de cada uno, para que se marchiten. Escurra el rodaballo y coloque un filete en cada montón de espinaca. Vuelva a calentar la calabacita en cubos en un sartén pequeño y espárzala encima. Caliente la salsa de nuevo y cubra el pescado con un poco; sirva el sobrante aparte, en una jarrita. Finalmente, coloque las flores de calabacita encima del pescado.

Fricassée de vieiras y duraznillos con salsa de lechuga

Los duraznillos, unos hongos pequeños, dorados y casi mágicos y de sabor divino, son una delicia culinaria del verano. Hay que quitarles el tallo, pero después de hacer eso es un platillo bastante rápido de preparar. (Fuera de temporada quizás quiera usar duraznillos secos, que se pueden rehidratar dejándolos remojar y después secándolos sin frotar). Asegúrese de usar vieiras regordetas; las mías las pescan a mano en las frías aguas de Escocia. La salsa es inusual, una ligera crema de lechuga. En el restaurante también decoramos esto con dientes enteros de ajo confitado en grasa de ganso hasta que las pieles se ponen crujientes. Un plato ideal servido como un almuerzo veraniego ligero. **4 PORCIONES COMO PLATILLO LIGERO O 6 COMO ENTRADA**

300 gramos de duraznillos pequeños
1 lechuga Little Gem grande
  o romana pequeña, cortada en tiras
1 diente de ajo, pelado y entero
50 gramos de tocino magro ahumado, picado
4 cebollitas, picadas
4 a 6 cucharadas de aceite de oliva
100 mililitros de Vinagreta Clásica (página 213)
El jugo de ½ limón pequeño

1 cucharada de cebollín fresco picado,
  y un poco extra para esparcir
1 cucharada de perifollo fresco picado,
  más unos ramitos extra para adornar
6 vieras frescas grandes, sin sus conchas
  y sin corales
½ cucharadita de polvo suave de curry
Sal marina y pimienta negra recién molida

1 Usando un cuchillo pequeño y filoso, corte los rabos de los duraznillos. Reserve.

2 Prepare la salsa. Saltee la lechuga con el diente de ajo, tocino y una de las cebollitas en 1 cucharada de aceite hasta que se marchite, de 3 a 5 minutos. Saque el diente de ajo y deseche. Licue la lechuga, tocino y cebolla más cualquier jugo desprendido en la olla en un procesador de alimentos, después pase por un colador a otra olla pequeña, frotando con un cucharón. Sazone, deje que la salsa vuelva a hervir a fuego lento y cocine por 3 minutos hasta reducir en un tercio. Agregue la vinagreta, batiendo, y reserve.

3 Caliente un sartén con 2 cucharadas del aceite y saltee los duraznillos y el resto de las cebollitas con el jugo de limón, mezclando de vez en cuando, por unos 3 minutos. Sazone y agregue las hierbas picadas, mezclándolas. Reserve y mantenga caliente.

4 Cuando esté listo para servir, caliente el sobrante del aceite en un sartén. Agregue las vieiras, acomodándolas en un círculo. Salpimiente bien y espolvoree encima el polvo de curry. Después de 3 minutos, voltee las vieiras siguiendo el mismo orden en que las metió al sartén, y cocine el otro lado hasta que estén bien doradas, de 1 a 2 minutos. Saltee otra vez. Las vieiras deberán estar esponjosas al presionar ligeramente. No las cueza de más. Rebane cada una a la mitad, horizontalmente.

5 Para servir, con una cuchara vierta la mezcla de duraznillos en el centro de cuatro platos calentados y acomode las vieiras encima. Con una cuchara sirva la salsa alrededor, y termine esparciendo un poco de cebollín y un ramito de perifollo.

Robalo asado con *crème fraîche* de cebollín, papas de Cambray y alcachofas

Un platillo sencillísimo y muy fresco. El robalo salvaje —el que se cría y pesca de forma natural— tiene mucho más sabor que el de criadero; además, su consistencia es más sólida, ya que nada contra mar y marea y así desarrolla músculos con menos grasa. Combínelo con otros favoritos del verano, como papas de Cambray céreas y firmes y corazones frescos de alcachofa o ejotes crujientes. **4 PORCIONES COMO PLATO PRINCIPAL**

2 alcachofas globo grandes

1 cucharada de jugo de limón

500 gramos de papas de Cambray

2 cucharadas de cebollín fresco picado

100 gramos de *crème fraîche* espesa

6 cucharadas de aceite de oliva

1 cucharada de albahaca fresca cortada en tiras

100 mililitros de Vinagreta Clásica (página 213)

2 echalotes picados en trocitos finos

1 cucharada de vinagre de jerez

2 cucharadas de crema para batir

800 gramos de robalo en filetes, desgrasado y cortado en cuatro porciones iguales, con todo y piel

Ramitos de tomillo fresco para adornar

Sal marina y pimienta negra recién molida

1 Corte los tallos de las alcachofas, quite las hojas y corte la pelusa del centro, dejando sólo el corazón carnoso y ahuecado (ver fotos de esta técnica en la página 216). Corte los corazones a lo largo y después en rombos.

2 Hierva los pedazos de alcachofa en agua con el jugo de limón por 10 minutos, hasta que estén tiernos, y cuélelos. Al mismo tiempo, ponga a hervir las papas de Cambray en otro sartén, hasta que estén tiernas. Cuando estén listas, cuélelas y córtelas a la mitad.

3 Mientras tanto, mezcle el cebollín con la *crème fraîche* y sazónela bien. Reserve.

4 Caliente 2 cucharadas de aceite en un sartén y acitrone las papas por unos 5 minutos, hasta que agarren un poco de color. Use un cucharón con ranuras para sacarlas y escúrralas en una toalla de papel. Combine la albahaca con la vinagreta, luego con las papas tibias y deje enfriar la mezcla.

5 Agregue las alcachofas al sartén, usando otra cucharada de aceite si es necesario, y acitrónelas hasta que tengan un bonito color. Con un cucharón de ranuras, remuévalas, escúrralas y manténgalas calientes.

6 Agregue los echalotes al sartén y acitrone por 5 minutos hasta que estén suaves. Desglase con el vinagre, y cocínelo hasta reducir el líquido por completo. Agregue la crema, sazone y reserve para que se mantenga tibio.

7 Marque la piel del robalo varias veces con la punta de un cuchillo muy filoso. Caliente el aceite que le queda en un sartén grande. Condimente el robalo y cocínelo con la piel plateada hacia abajo de 3 a 4 minutos hasta que ésta quede crujiente. Voltéelo con cuidado y cocine el otro lado de 1 a 2 minutos hasta que regrese a su lugar después de presionarlo. Vuelva a condimentar.

8 Para servirlo, coloque las alcachofas en el centro de cuatro platos previamente calentados. Con una cuchara, vierta encima la crema de echalote. Acomode el robalo encima y coloque las papas con albahaca alrededor del pescado, adornándolo con el tomillo. Finalmente, vierta encima varias cucharadas de *crème fraîche* de cebollín para que, mientras sirve, se derrita tentadoramente sobre el pescado.

Foie gras salteado con *chutney* de durazno

Éste es el mejor tentempié rápido, una vez que tiene hecho el chutney. *El foie gras debe ser fresco: pídalo en una carnicería de buena reputación, como la que pertenece al exclusivo Gremio 'Q'. Siga las instrucciones con cuidado para prepararlo y cocinarlo, pues es demasiado especial para arruinarlo. El chef francés Michel Bras tiene un buen truco: primero congele el* foie gras *fresco, para que no se cueza de más por fuera y derrita demasiada grasa. Para hacer esto, corte el* foie gras *en rebanadas y congele, con papel para congelar entre cada rebanada. Si quiere, puede servir el* foie gras *sobre rebanadas de durazno fresco.* **6 PORCIONES COMO PLATO LIGERO O ENTRADA**

100 mililitros de vinagre balsámico

1 lóbulo de *foie gras* fresco, de unos 400 gramos

Sal marina y pimienta negra recién molida

Para servir

Chutney de Durazno (página 213)

Rebanadas tostadas y calientes de *brioche*

1 Hierva el vinagre balsámico para reducirlo a la mitad, después reserve mientras prepara el *foie gras*.

2 El *foie gras* fresco se daña fácilmente, así que manéjelo con cuidado. Deje que se suavice por 20 minutos a temperatura ambiente para que pueda separarlo suavemente sin romperlo. Hay dos mitades desiguales conectadas con un vaso sanguíneo grueso que pasa por ambos lados. Usando un cuchillo de mesa, ábrase camino por la carne suave y espesa, quitando la vena con cuidado. Puede ser útil tener unas tijeras para cortar en lugares incómodos. No se preocupe si rompe pedacitos accidentalmente, pues puede volver a darles forma dentro del lóbulo, pero intente dejarlo lo más intacto posible. Tampoco se preocupe por las venas más pequeñas, se disuelven al cocinar. Corte el *foie gras* en seis rebanadas.

3 Caliente un sartén antiadherente y, cuando sienta que está caliente, agregue las rebanadas de *foie gras*; no es necesario usar aceite, pues los hígados ya contienen suficiente grasa. Salpimiente mientras cocina. Cocine por un minuto de cada lado. No lo cueza de más: las rebanadas se seguirán cociendo un poco mientras están reposando fuera del sartén. El exterior debe estar deliciosamente caramelizado y los interiores todavía rosas y cremosos.

4 Sirva con los jugos del sartén vertidos encima y el vinagre balsámico rociado alrededor. Acompañe de *chutney* de durazno y rebanadas de *brioche* tostada.

Ribeye de res con puré de berro

El ribeye es un corte de carne completamente escocés que comienzan a usar cada vez más chefs.
Viene de la parte superior del sirloin, *tiene una linda forma redonda, se cocina bien y —más impor-*
tante— tiene un excelente sabor y consistencia. Lo compramos en piezas de 2 kilos y 'moldeamos'
la forma enrollándolo en una ballotine *muy apretada y guardándola por dos días en el refrigerador.*
Después se puede cortar en filetes gruesos y cocinar a la plancha o en sartén. Servimos el ribeye con
un puré de berro muy atractivo que es vergonzosamente simple de preparar. (En el restaurante ex-
primimos el puré de berro en un trapo y lo servimos como una quenelle *suave, pero si usted prefiere*
una salsa para verter encima entonces use la cantidad máxima de crema). Coloque los filetes en una
cama de hongos salteados de su selección. Yo prefiero los duraznillos, pero puede usar pambazos,
ostiones, o incluso los champignons de Paris *cafés.* **4 PORCIONES COMO PLATILLO PRINCIPAL**

Pedazo de 600 gramos de *ribeye* de res

3 cucharadas de aceite de oliva

15 gramos de mantequilla

200 gramos de hongos (ver arriba),
   rebanados si están grandes

2 dientes grandes de ajo, finamente picados

2 cucharaditas de perejil fresco picado

Sal marina y pimienta negra recién molida

Salsa

300 gramos de berros

100 gramos de hojas de espinaca

60 a 200 mililitros de crema para
   batir

1 Primero prepare la salsa. Ponga a hervir una olla de agua salada. Meta todo el berro y hierva por
5 minutos. Agregue la espinaca y cocine por alrededor de un minuto más hasta que se marchite.
Escurra en un colador. Presione con un cucharón para extraer la mayor humedad posible.

2 Coloque las hojas en un procesador de alimentos y licue hasta obtener un puré fino, raspando los lados ocasionalmente. Vierta 60 mililitros de la crema por el embudo del procesador y mantenga las cuchillas girando por lo que parece casi una eternidad. Eventualmente obtendrá una salsa con la textura
de la seda. Será tan suave que no tendrá que cernirla. Si quiere una salsa para servir encima, agregue
la crema restante. Revise la sal y pimienta, y vierta en un sartén pequeño listo para recalentar.

3 Corte el *ribeye* en 4 filetes parejos y frote cada lado usando 1 cucharada de aceite. Caliente un sartén
antiadherente pesado hasta que sienta que sale mucho calor. Acomode sus filetes: deben soltar un
buen silbido cuando caigan sobre el sartén caliente. Sazone la parte de arriba y cocine por unos 3 minutos, después voltee y cocine el otro lado por 2 minutos. En este momento ponga la mantequilla en el
sartén y sazone el segundo lado. Quite los filetes del sartén y deje reposar mientras cocina los hongos.

4 Saltee los hongos con el ajo en el aceite restante. Sazone y mezcle con el perejil.

5 Vuelva a calentar el puré/salsa de berro. Coloque los filetes en platos calentados (rebanados antes si así prefiere), rocíe encima los jugos que hayan quedado en el sartén y con una cuchara sirva
encima los hongos. Si su puré de berros es firme, déle forma de *quenelles*; si es una salsa, sirva
cucharadas sobre los filetes y reparta lo demás por separado. Sirva con el acompañamiento que le
guste para el filete. Las papas fritas son estupendas (vea mi receta en la página 197) o ¿por qué no
probar con unas rebanadas de baguete muy fresca?

Duraznos blancos asados con helado de tomillo

Si espolvorea frutas enteras con azúcar glas y azúcar blanca finísima, y rocía encima mantequilla derretida, encontrará que toman un color delicioso y un sabor dulce a la parrilla. Agregue unas cuantas flores frescas de tomillo durante la cocción y descubra una estupenda y nueva idea culinaria: hornear frutas con hierbas aromáticas en lugar de usar sólo especias. Para seguir en el tono del tomillo, sugiero un cremoso helado con sabor a tomillo para acompañar los duraznos.

4 PORCIONES

4 duraznos blancos enteros, maduros,
  pero no demasiado, y sin golpes
50 gramos de azúcar glas
50 gramos de azúcar blanca finísima
1 vaina de vainilla
 25 gramos de mantequilla sin sal, derretida
1 o 2 cucharadas de Cointreau o Grand Marnier
1 cucharadita de hojas frescas de tomillo sin los tallos
Helado de Tomillo (página 214), para servir

1 Caliente el horno a 190ºC. Lave los duraznos. Mezcle los dos azúcares y ruede las frutas encima para cubrirlas. Coloque los duraznos en un plato para hornear no muy hondo.
2 Corte la vaina de vainilla para abrirla, ráspela para sacar las semillas y revuélvalas con la mantequilla. Rocíe esto sobre los duraznos.
3 Hornee sin cubrir por unos 5 minutos, después saque del horno y con una cuchara vierta los jugos caramelizados que se formaron en el plato. Siga horneando por un diez minutos, vertiendo encima más cucharadas de jugo una o dos veces más.
4 Unos 5 minutos después de terminar de cocinar, con una cuchara sirva el licor y espolvoree las hojas de tomillo encima para que las frutas absorban su fragancia. Quite y deje enfriar hasta que estén tibios.
5 Sirva los duraznos tibios con una bola de helado a un lado.

Higos asados con galletas de mantequilla y canela

Asar las frutas en una salsa de caramelo es una forma rápida y sencilla de cocinarlas. También me gusta darle más fuerza al jarabe con un chorrito de vinagre balsámico; es particularmente bueno con los higos frescos que aparecen en nuestras tiendas a finales de verano. Esta forma de cocinarlos también va bien con las peras pequeñas y los duraznos enteros. Pueden servirlos tal cual, quizás con un poco de helado (un helado cremoso y dulce de vainilla es sensacional), o tómese el tiempo de preparar también unas galletas especiadas de mantequilla que se derriten en la boca. **4 PORCIONES**

8 higos frescos
70 gramos de azúcar glas
40 gramos de mantequilla sin sal
1 cucharada de vinagre balsámico

Galletas de mantequilla
125 gramos de mantequilla sin sal, suavizada
90 gramos de azúcar blanca finísima
1 huevo de rancho grande, batido
250 gramos de harina blanca
½ cucharadita de canela molida
Una buena pizca de sal marina fina

1 Primero prepare la masa para las galletas. Bata la mantequilla y el azúcar con un batidor eléctrico hasta que esté ligero y esponjoso. Gradualmente agregue el huevo batido.

2 Cierna el harina, la canela y la sal. Con el batidor en la velocidad más baja que tenga, lentamente agregue el harina y bata hasta que la mezcla se combine en una suave masa. Con una espátula, limpie los lados ocasionalmente.

3 Coloque la masa en una hoja de papel autoadherente y suavemente moldéelo en forma de un rollo de 5 centímetros de diámetro aproximadamente. Envuelva y refrigere hasta que esté firme. (La masa se puede quedar hasta una semana en el refrigerador o la puede congelar hasta por un mes, para tener galletas horneadas en casa en un segundo. Corte los discos con un cuchillo de sierra y cocine sin descongelar antes).

4 Caliente el horno a 150°C. Corte círculos del rollo de masa firme del grosor de un par de milímetros. Coloque sobre la charola para hornear. Haga por lo menos 8 para este postre. Si quiere galletas con orillas bien formadas, presione un molde para galletas sobre cada uno. No las pique. Hornee hasta que estén ligeramente doradas, de 20 a 25 minutos.

5 Enfríe por alrededor de un minuto sobre la charola, después deslice sobre una rejilla de metal para que se pongan crujientes. Conforme se enfrían puede espolvorearlas con un poco de azúcar finísima, pero no es necesario.

6 Para la fruta, corte las puntas de los higos con unas tijeras, después corte cada uno en cuatro casi hasta la base, para que tengan forma de pétalo. Caliente el azúcar glas y la mantequilla lentamente en un sartén, mezclando hasta que el azúcar se disuelva, después agregue el vinagre balsámico.

7 Coloque los higos parados sobre la charola y vierta cucharadas del jarabe encima. Cocine a temperatura baja por unos 7 minutos, vertiendo cucharadas de jarabe conforme se suaviza la fruta. Los higos deben retener su forma. Quite del fuego y deje enfriar en la charola.

8 En el restaurante servimos un higo sobre una galleta. Quizás prefiera servirlos simplemente uno al lado del otro.

Sopa de cerezas con helado balsámico caramelizado

En julio de 1998 tuve el privilegio de cocinar la cena de la final de la Copa Mundial en el Orangerie de Versalles. ¡Qué noche! La planeación requirió varios viajes a París, y en uno de esos visité un restaurante donde me sirvieron una sopa de frutas con un helado increíble. Resultó ser un sabor a caramelo al que le habían agregado un vinagre balsámico añejado. Para la sopa, necesita cerezas color rojo profundo no sólo para dar sabor, sino también un oscuro color caoba. **4 PORCIONES**

300 gramos de cerezas rojo oscuro, sin el hueso
200 mililitros de Jarabe de Azúcar (página 214)
3 a 4 hojas frescas de hierba de limón

Helado
250 gramos de azúcar blanca finísima
3 cucharadas de vinagre balsámico
6 yemas de huevo de rancho
500 mililitros de leche
150 mililitros de crema para batir

1 Primero haga el caramelo para el helado. Coloque el azúcar en un sartén de base pesada y lentamente caliente hasta que empiece a derretirse. (Quizás quiera agregar un par de cucharadas de agua para ayudar en el proceso y revolver suavemente una o dos veces. ¡Los chefs de verdad, sin embargo, hacen el caramelo sin agua!). Si tiene cristales alrededor de la orilla del sartén, empújelos hacia abajo con una brochita para repostería remojada en agua. Mezcle ocasionalmente hasta disolver todos los cristales. Cuando se haya derretido todo el azúcar, lentamente suba la flama y hierva el jarabe de azúcar hasta que comience a tomar un color dorado oscuro y luego café. Tenga listo un recipiente grande de agua helada. Tan pronto como el jarabe tenga el color correcto, sumerja la base de la olla en el agua para enfriar el caramelo. Cuando se haya enfriado, agregue el vinagre balsámico y reserve.

2 Ahora prepare la crema base para el helado. Coloque las yemas en un recipiente que esté sobre un trapo húmedo (que hace que se quede estable) y bata hasta que tenga un color dorado pálido. Hierva la leche y la crema lentamente en un sartén de base pesada. Poco a poco vierta la leche cremosa sobre las yemas, batiendo sin parar. Cuando todo esté incorporado, vierta todo de nuevo en el sartén y vuelva a bajar la temperatura a fuego lento. Revuelva hasta que la mezcla apenas empiece a espesarse (debe estar a 82°C). No permita que empiece a burbujear o se puede cortar. Quite y deje enfriar.

3 Prepare la sopa. Reserve la mitad de las cerezas (sugiero que sean las más bonitas) y córtelas a la mitad si están grandes. Pique lo demás en pedazos grandes. Haga hervir el jarabe de azúcar y agregue las cerezas picadas y las hojas de hierba de limón.

4 Licue la fruta y la mezcla de jarabe en una licuadora o procesador de alimentos hasta que esté suave, después pase por un colador a un recipiente, ayudándose con la parte de atrás de un cucharón. Enfríe la sopa en el refrigerador.

5 Regrese al helado. Mezcle el caramelo enfriado a la crema base enfriada. Vierta en una máquina para hacer helado y bata hasta que esté suave y cremoso. Meta en un recipiente de plástico rígido y congele hasta que empiece a estar sólido.

6 Cuando esté listo para servir, divida la sopa entre cuatro platos no muy profundos y fríos. Coloque una bola de helado en el centro y deje caer las cerezas reservadas alrededor del helado. Sirva de inmediato.

Tartaletas de fresa silvestre

Como escocés me encanta una buena galleta de mantequilla crujiente, pero prefiero hacer las mías con una masa de pâte sablée. *Recorto elegantes galletas del tamaño de un platito y las presiono para hacer un pequeño hueco en el centro. Después de hornear, lleno esto de un coulis espeso de fresa y acomodo delicadas fresas silvestres (Alpine) alrededor. Las fresas silvestres, originalmente de las regiones montañosas de Europa (y por eso el nombre alternativo 'alpinas'), son una especie distinta a las comunes; sus semillas apuntan hacia fuera, mientras que las frutas cultivadas tienen semillas que penetran en su pulpa.* **6 PORCIONES**

250 fresas maduras, sin hojas

1 cucharada de azúcar blanca finísima, o al gusto

Un chorrito de jugo de limón

2 cucharadas de crema para batir

Unos 300 gramos de fresas silvestres, sin hojas

Tartaletas

4 yemas grandes de huevo de rancho

120 gramos de azúcar blanca finísima, y un poco extra para espolvorear

120 gramos de mantequilla sin sal, suavizada

170 gramos de harina panadera, y un poco extra para estirar la masa

1¹/₂ cucharaditas de polvos para hornear

1 Primero prepare la masa de las tartaletas. Bata las yemas con el azúcar hasta que estén espesas y cremosas y después agregue la mantequilla gradualmente, todavía batiendo. Cierna el harina y los polvos para hornear, y agregue. Amase suavemente hasta obtener una masa suave, después envuelva en plástico autoadherente y enfríe por 30 minutos.

2 En una tabla ligeramente espolvoreada de harina, estire la masa a un grosor de 5 milímetros. Recorte 6 discos de unos 12 centímetros de diámetro, volviendo a estirar conforme sea necesario. Use un platito de café como templete. Coloque en una charola antiadherente para hornear y pique los discos unas cuantas veces con un tenedor. Presione los centros para hacer un hueco ligero y, si quiere, pellizque las orillas para tener una leve orilla. Enfríe por 30 minutos.

3 Caliente el horno a 150°C. Espolvoree los discos con un poco de azúcar y hornee por 12 minutos o hasta que estén ligeramente doradas. Permita que se queden sobre la charola por un minuto para quedar más firmes y después, con la ayuda de una espátula, deslice sobre una rejilla de metal para enfriar y que se vuelvan más crujientes.

4 Licue las fresas grandes en un puré, agregando azúcar al gusto más un chorrito de jugo de limón y la crema para batir.

5 Justo antes de servir, vierta cucharadas del *coulis* de fresa en el centro de las tartaletas y acomode las fresas silvestres en toda la orilla. Sirva con crema endulzada y ligeramente batida.

Panacota con frambuesas

Me da gusto decir que uno de mis restaurantes favoritos está en Escocia. Es La Potinère at Gullane, cerca de Edimburgo, dirigida por Hilary y David Brown. La comida de Hilary es la simplicidad perfecta y lo mejor del sabor, temporalidad y presentación. Es lo que los escoceses mejor hacemos; cada bocado es memorable. Ésta es su receta para la panacota con base de caramelo, simple y sublime. No es necesario decir que con las frambuesas escocesas, cuya temporada es en julio y agosto, hace una pareja maravillosa. Si no, fuera de temporada pruebe rebanadas de carambola madura remojadas en jarabe sabor granadina. Compre glucosa líquida en una farmacia y mídala como si fuera miel, sacándola del tarro con una cuchara de metal caliente. **6 A 8 PORCIONES**

300 gramos de azúcar blanca finísima

4 cucharadas de glucosa líquida

600 mililitros de crema para batir

150 mililitros de leche

3 hojas de gelatina

2 cucharadas de ron

300 a 400 gramos de frambuesas frescas

1 Primero prepare el caramelo. Coloque 150 gramos de azúcar en un sartén de base pesada con la glucosa (para que el caramelo siga viscoso cuando esté frío) y 50 mililitros de agua. Coloque sobre fuego lento y mezcle ocasionalmente hasta que el líquido ya no se sienta granulado. Asegúrese de que no haya granos de azúcar pegados a las orillas del sartén. Mientras tanto, rellene un recipiente de agua helada.

2 Súbale al fuego y permita que el jarabe burbujee hasta obtener un lindo color a caramelo, 175°C con termómetro para azúcar. No mezcle el jarabe para nada mientras burbujea. Tan pronto como esté listo, quite del fuego y ponga el sartén sobre el agua helada. Sosténgalo ahí por uno o dos minutos hasta que baje la temperatura. Esto hace que el jarabe ya no siga cocinándose. Quite del agua y reserve.

3 Ahora haga la crema. Ponga la crema y la leche en un sartén grande y haga hervir lentamente. Cuando el líquido comience a subir lentamente por las orillas del sartén, ajuste el calor para que tenga un hervor medio y manténgalo así por unos 5 minutos, para que el líquido se reduzca un poco.

4 Mientras tanto, ponga las hojas de gelatina en un plato de agua fría para remojar un rato hasta que se suavicen, después escurra toda el agua.

5 Agregue el azúcar sobrante y el ron a la crema hirviendo hasta que se disuelva. Quite del calor y enfríe por unos segundos, después agregue la gelatina suavizada y mezcle hasta disolver. Reserve y enfríe.

6 Coloque 6 a 8 moldes *dariole* de 120 mililitros de capacidad en una charola. Vierta unas 2 cucharaditas del caramelo tibio en cada una. Lentamente vierta la crema, hasta arriba. Refrigere hasta que esté cuajada.

7 Para servir, remoje los moldes en agua caliente por unos segundos, después quite la crema cuajada de las orillas del molde. Voltee y coloque sobre platos individuales de postre. (Primero moje estos últimos con agua fría, para que pueda deslizar la panacota de nuevo en la posición correcta en caso de que se deslice a un lado, y después limpie la humedad con una toalla de papel). Acomode las frambuesas alrededor de cada panacota y rocíe encima cualquier caramelo sobrante.

Ensalada de frutas en copa

Para esto necesita una gloriosa selección de frutas de la cosecha de verano. La hierba de limón crece bien en los jardines de campo y ciudad, o puede comprar ramitos de los verduleros especializados. Otra alternativa es la menta fresca con un toque de ralladura de limón. Sirva en copas altas y elegantes con una cucharada de sorbete de champaña raspado encima. El vino que uso para este helado refrescante es la champaña, pero cualquier buen vino blanco espumoso y seco, como los de Nueva Zelanda o Australia, funciona bien. O pruebe con champaña rosa. La textura es ligera y crujiente, como una granita italiana. **4 PORCIONES**

2 manzanas Granny Smith

2 peras maduras (Comice,
   Packham o Conference pequeña)

1 durazno amarillo maduro

1 naranja grande

100 mililitros de Almíbar (página 214)

El jugo de 1 limón pequeño

1 carambola grande

5 ramitos de bálsamo de limón fresco

250 gramos mezcla de moras de verano frescas
   (como fresas, frambuesas y grosellas rojas o blancas)

Sorbete de Champaña

200 gramos de azúcar blanco
   muy fino

3 cucharadas de glucosa líquida

$\frac{1}{2}$ x 75 centilitros de botella
   de champaña

Para decorar (opcional)

Hoja de cilantro azucarada
   (página 205)

1 Primero prepare el sorbete. Disuelva el azúcar en 175 mililitros de agua sobre fuego suave, mezclando ocasionalmente. Agregue la glucosa. Hierva a fuego lento por 5 minutos, después agregue el champaña y quite de inmediato del fuego. Deje enfriar, después coloque en un refractario no muy profundo que se pueda meter al congelador y refrigere. Cuando esté frío, coloque en el congelador hasta que esté parcialmente congelado.

2 Saque del congelador y bata con un batidor de metal fuerte para romper los cristales y transformarlos en una nieve medio derretida. Vuelva a congelar ligeramente de nuevo, y después repita el batido para hacer una consistencia granulosa. Selle el contenedor y guarde en el congelador hasta que lo requiera. (Esto prepara unos 750 mililitros de sorbete.)

3 Saque el corazón de manzanas y peras y corte en rebanadas delgadas (sin necesidad de pelar). Pele el durazno, saque el hueso y rebane la fruta. Pele y segmente la naranja. Mezcle rápidamente la fruta preparada con el almíbar y jugo de limón en un recipiente. Rebane la carambola y agregue al recipiente junto con la hierba de limón. Deje que los sabores se infundan por unos 15 minutos, después deseche la hierba de limón.

4 Unos 10 minutos antes de servir, saque el sorbete del congelador y déjelo a temperatura ambiente para que se suavice.

5 Quité los tallos de las fresas y corte a la mitad. Quite los tallos de las grosellas, si las está usando. Mezcle suavemente las moras en la ensalada de frutas.

6 Con una cuchara, sirva la ensalada en cuatro copas de vino altas y cubra con el almíbar sobrante. Saque el sorbete del recipiente, raspando con una cuchara de metal para obtener raspados como nieve suave, y con una cuchara acomode encima de cada vaso. Sirva de inmediato.

Milhojas de chocolate con lavanda

La lavanda es una hierba que normalmente asociamos con bañarnos y no con hornear. Pero en partes de Europa en las que crece abundantemente (Provenza, en Francia, y también cerca de casa, en Norfolk), es frecuente que la espolvoreen en las masas para el pan y para la repostería. Yo dejo macerar una cucharada de flores secas de lavanda en una ganache ligera de chocolate, que pongo entre obleas ligeras y crujientes de pasta milhojas. Sigo con la fragancia floral al servir esto con bolas de helado de lavanda (siga la receta para Helado de Tomillo en la página 214, sustituyendo la cucharadita de ramos de tomillo por flores de lavanda secas). **4 PORCIONES**

Unos 300 gramos de Pasta de Hojaldre
  hecha en casa (página 214) o 1 paquete de
  375 gramos de pasta de hojaldre lista para usar
200 mililitros de *Crème Anglaise* (página 214)
1 cucharadita de flores de lavanda secas
300 gramos de chocolate oscuro con 60%
  de sólidos de cacao (nosotros usamos Valrhona),
  quebrados en pequeños pedazos
200 mililitros de crema para batir

Para terminar
Cocoa en polvo

1 Estire la pasta en un rectángulo un poco más grande que 30 x 40 centímetros, lo que permite suficiente exceso para recortar las orillas y que queden parejas. (Es importante tener formas parejas para servir). Corte en cuatro rectángulos largos de 30 x 10 centímetros. Usando una espátula larga, levante esto sobre una charola para hornear y marque cada uno en cuatro rectángulos iguales. Enfríe por 20 minutos mientras calienta el horno a 200ºC.

2 Hornee por 10 minutos, después coloque otra charola pesada para hornear encima de los rectángulos de hojaldre (esto ayuda a mantenerlos planos). Hornee unos 10 a 12 minutos más hasta que estén bien dorados y crujientes. Saque y ponga a enfriar sobre una rejilla de metal.

3 Ahora, la crema: caliente suavemente la *crème anglaise* y agregue las flores de lavanda. Deje macerar en el calor por 30 minutos, después escurra y deseche las flores.

4 Vuelva a poner la *crème anglaise* a fuego lento para que se caliente un poco, después agregue el chocolate. Deje ahí hasta que se derrita, después bata hasta que quede brillante. Reserve y enfríe.

5 Bata la crema para batir hasta que empiece a formar picos suaves. Incorpore a la mezcla de chocolate.

6 Prepare cuatro 'sándwiches' en capas con los rectángulos de hojaldre y crema de chocolate, el cual puede distribuir o con una manga pastelera ponga entre capa y capa de hojaldre. Espolvoree el polvo de cocoa encima. Sirva con pequeñas bolas o *quenelles* de helado de lavanda o vainilla.

Cremas de jazmín

Si busca una variante de la crème brûlée, *pruebe esto. El jazmín florece desde mediados de verano hasta principios de otoño, según la ubicación del arbusto en el jardín. He visto el jazmín florecer en junio y a principios de octubre, colgando sobre varios jardines urbanos en mi área de Londres. Necesitará una taza grande de estas delicadas flores blancas para esta receta. Por cierto, si le regalan una maceta de jazmín para poner adentro de la casa, cuando termine de florecer plántela en el jardín contra una pared o barda. En un año o dos tendrá una buena provisión de flores.* **6 PORCIONES**

375 mililitros de crema para batir
200 mililitros de leche cremosa
50 gramos de flores de jazmín
6 yemas grandes de huevo de rancho
70 gramos de azúcar blanca muy fina
Un poco de azúcar morena, para caramelizar (opcional)

1 Caliente la crema y leche en un sartén y permita que el líquido suba por las orillas del sartén antes de retirar del fuego. Agregue las flores de jazmín y deje enfriar.

2 Cuele en una olla limpia de base pesada, aplastando las flores en el colador con un cucharón grande para extraer la fragancia.

3 Caliente el horno a 140ºC. Vuelva a calentar la crema. Mientras tanto, bata las yemas en un recipiente grande colocado sobre un trapo húmedo para mantenerlo estable. Cuando la crema comience a subir por las orillas del sartén otra vez, vierta una pequeña cantidad sobre las yemas y bata para combinarlas. Sin parar de batir, siga agregando el líquido caliente en cantidades pequeñas, para que no se corte.

4 Cuele la mezcla otra vez al sartén y agregue el azúcar blanca muy fina. Caliente con el fuego más bajo posible, mezclando frecuentemente, hasta que la crema cubra la parte de atrás de la cuchara. Vierta en seis recipientes elegantes a prueba de calor, como moldes individuales para hornear o bonitas tazas a prueba de calor.

5 Hornee las natillas de 45 a 60 minutos, hasta que las orillas se separen de la orilla del contendor al inclinarlas ligeramente. El centro debe seguir ligeramente tembloroso. Saque del horno y deje enfriar, después refrigere hasta que esté bien cuajado.

6 Si quiere, puede espolvorear encima un poco de azúcar morena en una capa pareja y caramelizarla con un soplete antes de servir.

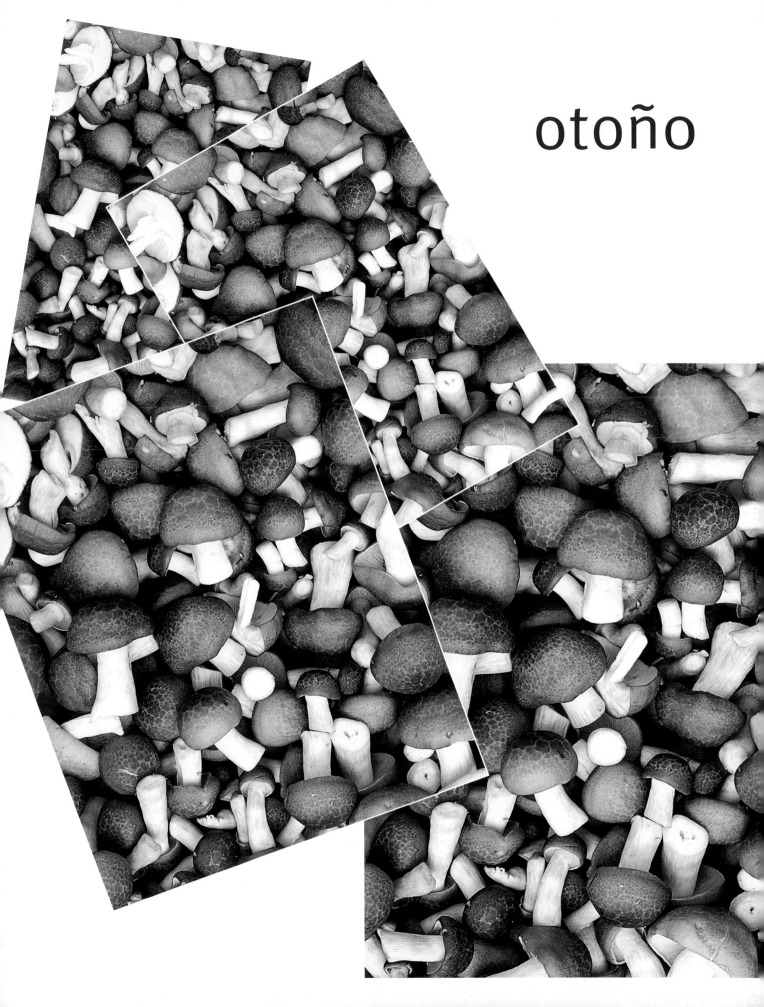

otoño

Nuestros veranos británicos son 'variables', pero al fin y al cabo no disfruto mucho el calor de esa temporada. Más bien siento un poco de alivio cuando los días comienzan a acortarse y nos despertamos con un fresco aire de otoño. Y también me emociono, porque con el otoño llega la promesa de abundantes cosechas de frutas y verduras en su mejor momento.

De todas las verduras de hoja que pasan por mi cocina, supongo que la **acedera** es la más complicada de manejar. El sabor astringente, parecido a la pimienta, es estupendo para levantar el sabor de los platillos de pescado (especialmente del salmón escalfado), las sopas y las ensaladas, pero la clave del éxito es saber cuándo agregarlo. Si lo añade demasiado pronto, las hojas se marchitan y agarran un color verde opaco y viscoso, así que es mejor usarlas al último momento. Algunos cocineros le agregan un puñado de hojas de espinaca *baby* a los platillos de acedera para intensificar el color, pero siento que eso no es necesario si se prepara hasta el final. Si cultiva acedera, corte las hojas justo antes de usarlas; el tamaño ideal para el sabor es del largo de una hoja grande de laurel. Pele las fibras delgadas del tallo y después triture las hojas; son delicadas y se moretean suavemente, incluso más que la albahaca, así que siempre use su cuchillo más filoso.

A lo largo de mi carrera he tenido la suerte de pasar por varios momentos de orgullo. Uno de los puntos altos del verano de 1999 fue cocinar un almuerzo de celebración para la sesión inaugural del Parlamento escocés en Kincardine House. Pero hubo otro momento memorable ese día: fue la primera vez que probé la **espinaca** flamante y fresca, cortada apenas unos minutos antes y traída a la cocina por el jardinero en persona. ¿Dónde estaríamos ahora sin la espinaca en la cocina? La jardinería y el transporte del mercado moderno han vuelto indispensable a esta verdura maravillosa; sin embargo —como la acedera— no se debe cocinar de más y es mejor agregarla al último momento. En el otoño, las hojas de espinaca son más grandes, pero están maravillosamente tiernas y se pueden usar para cremas o para servir bajo medallones de carne rosada o pescado. Blanquee las hojas por unos segundos en agua caliente; después escurra y de inmediato refresque en un plato de agua helada. Presionándolas, saque el exceso de agua, después vuelva a calentar al último momento con un trozo de mantequilla.

En los últimos años se han vuelto populares muchas verduras que ahora se pueden cultivar fácilmente bajo techo, incluyendo muchas exóticas. Una de las más lindas es la **arúgula silvestre**, con sus hojas irregulares, que al ojo inexperto puede parecerle una mala hierba. Con un sabor más a pimienta y texturizado que la cultivada, que es más suave y de color verde oscuro, la arúgula silvestre tiene muchos más usos que para la ensalada o como una guarnición rústica: el sabor es asombroso con quesos de sabor fuerte, como el parmesano, o con el punzante queso de cabra. Si se mezcla con queso de cabra fresco y vinagreta, se transforma en un relleno maravilloso para los ravioles hechos en casa. También me gusta picada en pedazos grandes y revuelta con *risotto* al último momento.

Sin ánimo de ofender, pero el **apio nabo** debe ser la verdura más fea del mundo. Quizás por eso lo subestiman tanto. Supongo que se podría describir como el Cyrano de Bergerac de la cocina: feo por fuera pero extraordinario por dentro. Es delicioso en puré, estupendo en las sopas, bueno si se fríe con abundante aceite como un *chip* de verdura o rallado en crudo como ensalada, y es perfecto si se cocina estilo *fondant* (primero salteado y después hervido a fuego lento en caldo). En el otoño me doy un lujo realmente decadente con la crema de apio nabo, con trocitos de trufa Périgord rallados encima. A veces, como *amuse-gueule*, servimos una diminuta ensalada de virutas de manzana y apio nabo, ligada en una vinagreta de trufa. Realmente disfruto cocinar con él.

Parecerán larvas regordetas, pero los **crosnes** (ver la foto en la página 112) parecen y saben a una combinación de alcachofa con salsifí, aunque no tienen ninguna relación. Se importaron de China a Francia en el siglo XIX y se cultivan en un pueblo llamado Crosnes, del cual tomaron el nombre (también les dicen alcachofas chinas o japonesas). Las tratamos de forma parecida a las alcachofas de Jerusalén: las cocinamos y luego las echamos en mantequilla dorada con perejil picado y jugo de limón. Son estupendas con pichón y con pescados de sabor intenso.

Una verdura verdaderamente versátil es la **coliflor**, que queda rica no importa cómo la use. Eso sí, tiene su lado malo: el olor que desprende si la cocina de más, incluso unos pocos minutos. Creo que eso es lo que hace que a muchos no les guste comerla. Mi consejo para disminuir el olor (aparte de no quitar el ojo del reloj) es hacer que las pellas hiervan a fuego lento en una mezcla de agua y leche. En el restaurante sólo usamos las pellas, sin nada de tallo, aunque en casa quizás las quiera dejar más largas. La coliflor es estupenda con el pescado, especialmente con las vieiras dulces. Tenemos una receta en la que las pellas miniaturas se remojan en una masa de *beignet* y se fríen como buñuelos. También cortamos las pellas grandes en rebanadas delgadas, las sazonamos con especias de curry, sal y pimienta, y después las freímos en

aceite de oliva hasta que queden hermosamente caramelizadas. Cuando se enfrían y quedan a temperatura ambiente, las servimos con un simple aderezo de puré de pasitas, alcaparras y agua.

Otra verdura que ponemos en nuestro menú otoñal es el hinojo. Prefiero el hinojo *baby*: los corazoncitos parecen pequeñas pinzas de cangrejos y, muy apropiadamente, son buenísimas con todo tipo de platillos de pescado. Me gustan las verduras *baby* porque están muy tiernas y aún así tienen un sabor pleno a anís. Los bulbos más grandes se tienen que pelar para quitar el exterior fibroso. Es una verdura popular mediterránea, especialmente en el sur de Francia. En Túnez y Marruecos se ven carretas enteras apiladas de crujientes bulbos de hinojo, sin duda para servir con platillos picantes de borrego y pollo a la parrilla y pescado. A nosotros nos gusta cortar las puntas de los bulbos de hinojo *baby* y después cocinarlos enteros en aceite de oliva hasta que estén ligeramente dorados.

La berenjena ocupa un lugar muy especial en mi corazón. Pocos días antes de abrir mi primer restaurante en Park Walk, Londres, todavía no pensábamos en un nombre, o más bien no habíamos llegado a un acuerdo. Me llegó como relámpago: el Aubergine, y así fue. Puedes rellenar las berenjenas, cortarlas en cubos y estofarlas, incluso freírlas en rebanas delgadas y usarlas en casi todo, desde canapés hasta platillos principales. Y esta verdura puede sacar a un cocinero de aprietos cuando tiene que preparar un platillo que deje satisfechos a los que no comen carne. Lo único que no se puede hacer es comerla cruda. Si su intención es asarla, estofarla o prepararla a la plancha, no necesita saltearla primero (a esto lo llamamos *dégorge*), pero si la quiere freír, es mejor sacar el exceso de agua primero. Espolvoree ligeramente con sal marina fina y escurra en un colador por 20 minutos.

Después enjuague bien y seque con ligeras palmaditas.

Si lo permite, las berenjenas pueden absorber mucho aceite. Para evitarlo, primero las revuelvo rápidamente con aceite, después los doro en un sartén caliente y seco. Para hacer un puré cremoso, cortamos las berenjenas a la mitad, rajamos varias veces la pulpa, frotamos ambos lados con aceite de oliva, salpimentamos y volvemos a colocar con tajadas finas de ajo y ramitos de romero fresco entre pieza y pieza. Envueltas en papel aluminio y asadas en un horno caliente, en unos 40 minutos se suaviza la pulpa como para sacarla y hacerla puré. Pero todavía no terminamos: el puré se calienta en un sartén seco hasta reducirlo un poco, para que no tenga exceso de humedad, y después se revuelve con jitomates frescos picados, cilantro fresco, aceite de oliva extra virgen y sal y pimienta, para hacer un sublime caviar de berenjena, la base de muchos de mis primeros platillos reconocidos.

Uno de los momentos más intensos que viví durante la preparación de la cena del Mundial de Fútbol para más de 700 personas en julio de 1998, en Versalles, París, fue la elaboración de una guarnición de hojas de calabaza fritas en abundante aceite. Primero había que remojarlas en una masa ligera, freírlas y aplanarlas entre dos hojas de papel. Me complace decir que logramos producir hojas delicadas y finas como una telaraña y que lucían fantásticas. Y eso ilustra lo versátil que es la **calabacita** como planta alimenticia. A principios de otoño está en su mejor punto y se pueden usar las flores, las hojas y, por supuesto, la jícara misma como verdura. Las calabacitas contienen mucha agua, así que son apropiadas para la cocina ligera. Nunca las hervimos; preferimos cortar delgadas rebanadas y después saltearlas en un poco de aceite de oliva o marinarlas en una vinagreta. Y, por supuesto, son compañeras clásicas de las berenjenas en *ratatouille*. Pruebe esta idea para empezar, siguiendo la receta de Tartas de Jitomate y Parmesano Gratinado en la página 133 y sustituyendo los jitomates con calabacitas. Después de hornear las bases de pasta repostera, distribuya un poco de tapenade y acomode encima las calabacitas cortadas en rodajas delgadas y salteadas. Cubra cada tarta con una rebanada delgada de atún fresco sellado.

Quizás porque el Reino Unido es una isla (y orgulloso de ello), a veces cerramos nuestras mentes a las comidas que consideramos un poco 'extranjeras'. Una de ellas es la **calabaza**: por mucho tiempo la hemos asociado sólo con Halloween. Nuestras tiendas tienen existencias de calabazas durante un par de semanas a finales de octubre y de repente, ¡bum!, desaparecen casi de un día para otro. ¿Qué hace la gente con esa hermosa pulpa que sacaron al hacer sus *jack o' lanterns*, me pregunto? Poco a poco hemos comenzado a ver cuán versátil es, y que existen muchas variedades. En el restaurante nos gusta usar la ondulada calabaza verde pálida, que es popular en Francia y entre los cocineros antillanos. No tiene que comprarla entera; con una o dos rebanadas basta. Y lejos de estar en temporada por sólo unas semanas, encontrará las calabazas a la venta en los mercados durante el otoño y bien entrado el invierno. Hacemos una sopa dorada y homogénea con calabaza y la servimos con vieiras picantes fritas. También la usamos como relleno para los ravioles: para espesar la pulpa del relleno, después de cocinarla la colocamos en una bolsa de tela y la dejamos escurrir toda la noche. La calabaza también sirve para preparar un puré simple y bueno que se sirve con carnes intensas como el venado o la de caza, y 'marida' bien con el tocino ahumado y el punzante queso parmesano. Tiene sus usos dulces también: amo la calabaza con la *mostarda di frutta* italiana o en un flan de calabaza y *frangipane*, como el que comía cuando era un joven chef en París.

No puede aparecer un ensayo sobre la comida otoñal que no hable largo y tendido sobre los hongos silvestres. Siempre esperamos con anticipación las cajas de fascinantes hongos que nuestros proveedores traen en esta época del año. Los pequeños **clavitos**, que tienen el tamaño de una Luneta (véase la foto en la página 104), podrán parecer delicados, pero tienen mucho sabor. Desafortunadamente también son complicados de limpiar. Los usamos en sopas, especialmente con mejillones, y también los servimos con alcachofas globo como una verdura de guarnición para la ternera y el pichón. Otro favorito es el pambazo: a veces pasan hasta 10 kilos al día de hongos **pambazos** frescos por la cocina para ser salteados, confitados, asados o empacados en tarros con aceite de oliva. Incluso los colgamos hasta que estén quebradizos y los molemos en un polvo fino para esparcir en *risotto* y filetes de robalo o usarlos como saborizante en consomés transparentes. Las setas **trompetillas de los muertos** –posiblemente los hongos silvestres más feos que existen– se ven oscuras y siniestras, pero me encanta servirlas en ensaladas tibias o con filetes de rodaballo asados. Ocasionalmente, cuando los podemos obtener, ponemos **tricolomas** en el menú. Los llamo los hongos *acid house*, porque parecen como salidos de un *rave*. Su carne es bastante amarga, cosa que contrarrestamos asegurándonos de que estén muy bien salteados, incluso hasta el punto de cocerlos de más. Después agregamos una cucharada de *confit* de echalote dulce para atenuar el sabor.

Asocio los **mejillones** con la primera reprimenda seria que recibí como joven chef en París. Verá, en los restaurantes franceses hay reglas de higiene muy estrictas respecto a los mejillones y cada chef que abre una bolsa debe pegar la etiqueta que la identifica en un tablero; así, en el improbable

en agua hirviendo, echando sólo una docena a la vez en el agua. Después de pelarlas las apilamos en apretadas filas sobre una charola y las refrigeramos para que la carne quede más firme. Las cabezas están repletas de sabor, así que las salteamos para usarlas en un caldo de cigala para las salsas. Las cabezas también tienen una membrana que sirve de agente clarificador para los caldos, parecido al albumen de la clara del huevo; después de hervir a fuego lento, el líquido se vuelve naturalmente transparente. Las cigalas son populares como relleno para los ravioles o salteados para servir con ensaladas o en sopas. Con frecuencia las espolvoreamos con polvo de curry o azafrán machacado antes de asar y, para que tengan un color realmente vivo, las remojamos en el coral verde de la langosta, que al cocinar se transforma en un rosa vibrante.

Durante los meses de verano e invierno, es frecuente que tengamos **salmonete** en el menú. Es obsequiosamente bueno, ya sea caliente o frío. Casi todas mis ideas para el salmonete vienen del tiempo que pasé en el Mediterráneo: por ejemplo, servir filetes de piel crujiente cubiertos de un fino puré de aceitunas negras (la llamamos una tapenade, aunque omito las clásicas anchoas, debido al sabor dominante), o colocarlos en cuscús aromatizado con té de limón. Y, por supuesto, el salmonete es uno de los pescados esenciales para la clásica *bouillabaisse*. Ésta la servimos con *croûtes* cubiertas de hígado de salmonete picado y salteado, combinado con puré de aceitunas. O simplemente freímos los filetes en sartén o los marinamos en una vinagreta.

El salmonete es un pescado de aguas poco profundas y nuestros proveedores vienen de Brixham, en Devon, o desde el sur de Francia. Para mí, el gran atractivo son las bonitas y delicadas pieles. Las escamas se pueden quitar fácilmente con los dedos (esto lo hacemos dentro de bolsas de basura grandes). Para tener un mejor agarre al filetear,

caso de una intoxicación, se puede rastrear el origen. Como el joven 'rosbif' de Inglaterra, no sabía nada y tiré la etiqueta. Afortunadamente no dominaba el francés (no como ahora), así que no entendí los 'detalles' de los gritos del chef. ¡Ay! Tengo dos recuerdos más agradables: hornearlos en sus conchas con migajas de *brioche* y queso gruyère; y el encantador estilo de combinar mejillones con hongos que los franceses llaman *terre et mer* (tierra y mar).

Casi no pasa un día sin que pongamos en el menú unas **cigalas**, que acá también se llaman langostinos de la Bahía de Dublín. Son indispensables como un alimento elegante y tienen muchos usos. Las nuestras las traen del oeste de Escocia, cosa que las pone muy retozonas para cuando nos llegan. Si les damos un golpecito en las colas, responden de inmediato, una señal clara de que están muy vivas. Son más fáciles de pelar si se blanquean por un minuto mis chefs arquean el pescado en una ligera curva antes de rebanarlo a lo largo de la espina, lo cual es un buen truco. Las espinas y las cabezas son ricas para preparar caldos.

Por años, en muchos lugares vendían **rape** en cubos como si fuera 'scampy'. Ahora ocupa un lugar supremo en la cocina de pescado y, aunque alguna vez despreciado por aguado e insípido, ahora está en peligro de usarse demasiado en la cocina. Como el bacalao, se está sobreexplotando. Verá, el rape es un pescado de agua profunda, así que es difícil cuidarlo en criadero. Toma muchos años para que madure, así que es lento su reabastecimiento; además, hoy la demanda supera la oferta. Comemos las colas; las cabezas grandes y huesudas se desechan. (Los hígados son sabrosos y se pueden cocinar para servir como guarnición). Sólo hay una espina central, o cartílago, con dos filetes de cada lado. Éstos se tienen que despellejar y hay que remover la membrana gris cuidadosamente, ya que puede hacer que la carne se enrolle de forma poca atractiva al cocinar. Con frecuencia fileteamos la carne y hacemos rollos muy apretados con plástico autoadherente, para que quede más comprimida y firme. Durante unos meses fui el cocinero principal de Pierre Koiffman en Tante Claire (donde está mi restaurante ahora), y recuerdo bien una receta brillante de rape que preparaba: un filete ahuecado, relleno de *ratatouille* finamente picado, que después envolvía en un calamar aplanado y marcado para asar en una charola. Genialidad absoluta. Lo servía con un *risotto* aromatizado con azafrán.

A diferencia del rape, el **conejo** nunca falta. Los franceses e italianos le tienen un cariño particular y lo cocinan como pollo o como cerdo tierno y sin grasa, con romero o tomillo fresco. Y los neoyorquinos más *trendy* también le empiezan a agarrar cariño en sus restaurantes elegantes y chic. Los ingleses todavía asociamos el conejo con los conejitos de peluche (o con alimañas de campo), aunque comienza a aparecer en uno que otro menú de restaurante. Usamos la carne de la paletilla para hacer estofados (*pot a feu*), *terrines* y *pâtès*, y la asamos con las piernas. Los huesos son buenos para un caldo que a su vez se puede usar para hacer una jalea de *aspic* que cuaje bien los *pâtés en gelée*. También confitamos lentamente las piernas y paletillas en grasa de ganso, hasta que la carne tierna se puede deshebrar y mezclar con una vinagreta. El conejo sabe bien con ñoquis y con una salsa de mostaza ligera y cremosa, y con una tarta caramelizada de endivia. Y el costillar se puede servir como diminutas chuletas con los riñones de guarnición.

El otoño es una buena época para las aves de caza. La temporada de caza comienza a finales del verano, aunque algunos –como los pichones– se venden todo el año. Tuve mi primera experiencia yendo de cacería con Marco Pierre White. Su puntería era mucho mejor que la mía; no sólo embolsó todas sus aves, sino también todas a las que yo no les atiné. Pero ya aprenderé... Nos llegan muchas aves de caza de Petworth Estate en West Sussex: faisanes, patos salvajes y becadas, entre otras. Nos llegan **pichones** de Anjou, donde los crían en la naturaleza. Casi siempre nos limitamos a usar las pechugas de las aves salvajes, aunque también las piernas se pueden cortar. Los huesos hacen un buen caldo. Las pechugas quedan ricas servidas en rebanadas en una ensalada tibia, y las usamos como parte de una terrina de caza, como el Mosaico de Carne de Caza Otoñal, en la página 130. Las pechugas de pichón son particularmente deliciosas servidas con un suave puré de nabo sueco y las pequeñas crosnes de sabor a alcachofa. Con frecuencia freímos pechugas de **faisán** en sartén con tomillo fresco o lo servimos con una ensalada de manzana y apio nabo mezclada rápidamente con una vinagreta de nuez de Castilla. Las aves más viejas se usan en *fricassée* de lentejas. Si las aves recibieron disparos feos, usamos la carne para hacer una salchicha ligada con *foie gras*. Los **patos salvajes** pequeños y de carne oscura, o *sarcelles*, saben como a una mezcla entre la becada y el urogallo, con más sabor a animal de caza que los patos normales. Sus piernas son duras y correosas, así que usamos un método de cocina que involucra escalfar y además cocinar a la plancha. Como las pechugas tienen poca grasa, las servimos rosadas y en el hueso.

Quizás los alimentos que más asociamos con el otoño son las manzanas y peras. Nos gustan las **manzanas Cox** para la *tarte Tatin*: son buenas para rellenar las tartas porque contienen menos agua que otras variedades. Su sabor también es estupendo en *parfaits*, por ser tan distintivo. Secamos rebanadas de Cox del grosor de una oblea como *tuiles* y las usamos de decoración. A veces en el invierno mezclamos manzanas ligeramente escalfadas con ciruelas pasa picadas y las servimos cubiertas de una manzana gratinada.

El sabor de la **pera** es hermosamente pleno y su sabor pide muy poco. Las Comice, Williams y Conference son todas ideales para cocinar, con tal de que todavía estén ligeramente verdes y firmes; si están demasiado suaves, pierden su sabor y dan la impresión de estar harinosas. Las peras tienen usos salados, como en el *relish* de frutas para el *foie gras* (sazonado con un toque de azafrán). En los postres, las peras son deliciosas escalfadas en un jarabe especiado de vino tinto y servidas con una espesa y dulce *crème anglaise* con sabor a grano de pimienta; y, al igual que las manzanas, sirven para hacer una buena compota. Su fragancia floreada se complementa bien con un toque de limón. También secamos delgadas rebanadas de pera y las unimos con helado de canela, y las paramos dentro de una compota de peras en vino tinto.

Sopa de lentejas y cigalas

Me gustan los platillos clásicos y rústicos, especialmente cuando los sirven con un toque elegante. Esta receta es una velouté *de lenteja muy espesa y homogénea, servida con cigalas asadas que flotan con orgullo en el denso líquido. Uso la receta como un 'antojito' para abrir el apetito de los comensales en mi restaurante, pero con duplicar o hasta triplicar la cantidad puede hacer porciones para aperitivos de tamaño normal.* **4 A 6 PORCIONES COMO ENTRADA**

250 gramos de lentejas de Puy
1 zanahoria mediana, cortada en
   dos o tres pedazos
1 cebolla, en cuartos
1 diente grande de ajo, pelado y entero
1 ramillete de hierbas frescas (un atado
   de hoja de laurel, un ramito de tomillo fresco,
   unos tallos de perejil y hojas de apio)

1 litro de Caldo Oscuro de Pollo (página
   212) o *Nage* de Verduras
Un par de gotas de aceite de trufa
150 mililitros de crema para batir
8 a 12 cigalas crudas, peladas
Unas pizcas generosas de polvo de curry
2 cucharadas de aceite de oliva
Sal marina y pimienta negra recién molida

1 Coloque las lentejas (sin necesidad de remojar antes) en un sartén grande con las verduras, el ajo y el ramillete de hierbas. Cubra bien con agua fría y haga hervir. Cocine a fuego medio hasta que las lentejas apenas empiecen a 'explotar'. Esto debería de tomar unos 15 minutos y no más, o quedarán pastosas.

2 Escurra las lentejas, reservando unos 250 mililitros del líquido de cocina. Deseche todas las verduras, el ajo y el ramillete de hierbas. Tome las lentejas suavizadas y lícuelas en un procesador de alimentos o licuadora, agregando el líquido reservado para hacer un puré suave como la seda.

3 Regrese al sartén y cocine con el caldo o *nage*. Salpimiente y deje en el fuego hasta que hierva, removiendo. Agregue el aceite de trufa y crema, ¡y es todo!

4 Para cocinar las cigalas, espolvoree con el polvo de curry y la sal y pimienta. Caliente un sartén antiadherente y, cuando sienta que está caliente, agregue el aceite. Fría las cigalas por un minuto de cada lado hasta que se vuelvan rosas y firmes.

5 Recaliente la sopa y vierta en seis platos soperos calientes. Coloque dos cigalas encima de cada uno y sirva.

Potaje de papa y poro

Este tipo de sopa es ideal para alguien que empieza a cocinar. Aunque es muy simple, se puede convertir en la máxima sofisticación nada más con agregar unos cuantos ostiones ligeramente escalfados o al cubrir con cucharaditas de crema batida y caviar Osietra. **4 PORCIONES COMO ENTRADA**

250 gramos de poro (sólo los blancos y verdes pálidos), cortados en cubos

1 cebolla pequeña, picada

1 cucharada de aceite de oliva

15 gramos mantequilla

50 mililitros de vino blanco seco

1 papa grande, de unos 300 gramos pelada y cortada en cubos

1 ramillete de hierbas frescas (un atado de tallos de perejil, ramito de tomillo fresco, pequeña hoja de laurel y ramito de hojas de apio)

750 mililitros de Caldo Ligero de Pollo (página 212) o *Nage* de Verdura (página 212)

100 mililitros crema

Sal marina y pimienta negra recién molida

1 Coloque los poros y la cebolla en un sartén grande con el aceite y la mantequilla. Cuando empiecen a chisporrotear, cubra y deje que las verduras suden a fuego lento por 5 minutos.

2 Agregue el vino y cocine destapado hasta que se evapore. Añada la papa y el ramillete de hierbas, cubra con el caldo o *nage* y llévelo a un hervor. Sazone y deje hervir a fuego lento por 15 minutos hasta que esté suave la papa.

3 Quite el ramillete de hierbas. Puede dejar la sopa con pedazos de verdura, ya que se pican en trocitos pequeños; la papa debería de haberse ya disuelto en el líquido, espesándolo ligeramente. Sin embargo, si prefiere una consistencia sedosa, entonces licue en un procesador de alimentos o licuadora, o en el sartén con la licuadora de mano.

4 Agregue la crema y sazone al gusto. Una buena sopa para cualquier ocasión.

Sopa de coliflor y acedera

Esta simple crema es ideal para cuando las noches empiezan a acortarse y uno se da cuenta de que es tiempo de pensar en comida para el clima frío. Todavía hay hojas puntiagudas de acedera en el jardín y no necesitará demasiadas para esta sopa, sólo las suficientes como para realzar el color cremoso. Para un toque de clase, ofrezca a sus invitados una guarnición de caviar. En el verano puede servir esta sopa ligeramente enfriada. **6 PORCIONES COMO ENTRADA**

1 coliflor grande, sin los tallos,
   y las pellas picadas
1 papa mediana, pelada y picada
$\frac{1}{2}$ cebolla, picada
15 gramos de mantequilla
1 cucharada de aceite de oliva
1 litro de Caldo Ligero de Pollo (página 212)
   o *Nage* de Verduras (página 212)

500 mililitros de leche cremosa
100 mililitros de crema para batir
6 hojas grandes de acedera, con los tallos
   recortados y picada en tiras
2 cucharadas de caviar (opcional)
Sal marina y pimienta negra recién molida

1 Coloque las pellas de coliflor, la papa y cebolla en un sartén con la mantequilla y aceite. Caliente suavemente y, cuando los contenidos comiencen a chisporrotear, tape y deje que todo sude a fuego lento por unos 10 minutos. Las verduras no se deben dorar.

2 Agregue el caldo o *nage* y haga hervir, después vierta dentro la leche y suavemente deje que vuelva a hervir. (De esta manera no se formará una nata en la leche). Salpimiente al gusto, después hierva a fuego lento, sin cubrir, de 10 a 15 minutos, cuando las verduras deberán estar suaves.

3 Vierta la mitad de la crema y licue en un procesador de alimentos o licuadora, o licue en el sartén con la licuadora de mano. Pase el puré por un colador a un sartén limpio, presionando con la base de un cucharón.

4 Removiendo, agregue el resto de la crema. Revise la sazón y haga hervir la sopa. Con un cucharón, sirva en platos soperos; ponga encima las tiras de acedera y agregue una cucharada de caviar a cada uno. Sirva de inmediato.

Ensalada de atún marinado

El atún es un pescado compacto y carnoso, así que necesita servir una porción más pequeña que de otros peces, no más de 100 gramos. La carne también se ve afectada por la forma en que lo pescan; es menos posible que la cola tenga señas de sangre coagulada. Así que intente comprar un pedazo de lomo de la parte de la cola. Después de sellar con aceite caliente, marine el atún en un aderezo con sabor a cilantro. Después sirva con verduras marinadas de otoño.

6 PORCIONES COMO ENTRADA O 4 COMO PLATO LIGERO

400 gramos de lomo de atún,
   del extremo de la cola

3 cucharadas de aceite de oliva

150 mililitros de Vinagreta Clásica (página 213)

1 cucharadita de semillas de cilantro,
   ligeramente machacadas

1 cucharada de cilantro fresco picado

2 palitos de salsifí

Un buen chorro de jugo de limón

2 alcachofas globo

100 gramos de chícharos chinos, picados

1 cebolla pequeña, rebanada

2 zanahorias medianas, en rebanadas muy
   delgadas

2 cucharadas de vinagre balsámico añejado

Sal marina y pimienta negra recién molida

1 Rebane el lomo de atún en dos filetes largos. Caliente 1 cucharada del aceite en un sartén de base pesada (o en un sartén ondulado si quiere que queden las atractivas tiras de la plancha en el atún). Selle los filetes durante 2 minutos por todos lados; la carne deberá sentirse un poquito suave todavía. No cueza de más el atún o quedará duro y seco. Ponga en un plato.

2 Mezcle la mitad de la vinagreta con las semillas de cilantro y luego vierta sobre los filetes de atún. Presione el cilantro fresco sobre la superficie. Cubra y deje macerar por 1 hora.

3 Mientras tanto pele el salsifí y córtelo en palitos. Cocine en agua salada hirviendo con el jugo de limón por 5 minutos. Saque con un cucharón de rendijas, refresque y reserve.

4 Corte los tallos de las alcachofas, quite las hojas y quite los pelos del centro para dejar el corazón carnoso. (Vea fotos de esta técnica en la página 216). Corte el corazón en pedazos. Cocine en el agua con limón unos 10 minutos. Escurra.

5 Blanquee los chícharos chinos en agua hirviendo por 1 minuto, luego escurra y refresque bajo agua fría corriente. Escurra y seque con palmaditas.

6 Caliente el aceite sobrante en un sartén, agregue la cebolla y cocine por 3 minutos. Añada las zanahorias, salsifí y alcachofas, y cocine de 2 a 3 minutos más. Finalmente agregue los chícharos chinos y cocine por 1 minuto. Salpimiente bien y añada el vinagre balsámico y luego el resto de la vinagreta. Deje enfriar.

7 Para servir, saque el atún de la marinada (sin necesidad de quitar las hierbas a menos que así lo desee). Corte los filetes en medallones. Divida las verduras marinadas entre los platos y coloque los medallones de atún encima.

Ensalada tibia de pichón con verduras marinadas en miel

Aquí hay otra entrada que hace buen uso de los mejores alimentos de la temporada. Los tubérculos hacen deliciosas ensaladas si se cocinan brevemente, dejándolos enfriar después en una marinada con mucho sabor. Unas pechugas de ave de caza cocinadas para que queden rosadas y en rebanadas delgadas las complementan bien. **4 PORCIONES COMO ENTRADA**

100 gramos de apio nabo

100 gramos de colinabo

1 pequeño bulbo de hinojo

100 gramos de cebollitas de Cambray

2 a 3 cucharadas de aceite de oliva

100 gramos de zanahorias *baby*, raspadas

50 gramos de hongos pequeños, como duraznillos o clavitos, recortados

15 gramos de mantequilla

8 pechugas de pichón sin hueso, de unos 75 gramos cada una

Sal marina y pimienta negra recién molida

Marinada

1 echalote

1 cucharada de aceite de oliva

1 ramito de tomillo fresco (tomillo de limón, si es posible)

1 cucharada de vinagre de jerez

1 cucharada de miel de abeja

100 mililitros de aceite de cacahuate

50 mililitros de aceite de avellana

El jugo de 1 limón

1 Primero prepare la marinada. Saltee el echalote suavemente en el aceite de oliva con el tomillo por unos 5 minutos hasta que esté suave pero no dorado. Desglase con el vinagre y cocine por unos segundos. Agregue la miel, los aceites de cacahuate y avellana y el jugo de limón, así como la sal y pimienta. Mantenga caliente.

2 Pele el apio nabo y colinabo y corte en cubos y palitos, variando el largo y las figuras para que quede más interesante. Mantenga parejo el grosor para que se cocinen bien las verduras. Pele los tallos exteriores del hinojo con un pelador, después corte a lo largo en palitos. Blanquee las cebollas en agua hirviendo por 2 minutos, después escurra y pele.

3 Caliente 1 o 2 cucharadas de aceite de oliva en un sartén de base pesada y agregue todas las verduras, removiendo. Cocine suavemente de 5 a 7 minutos, mezclando ocasionalmente, hasta que empiecen a suavizarse pero sin que se doren. Quite del fuego y vierta encima tres cuartas partes de la marinada. Deje que las verduras se enfríen ahí por lo menos dos horas, pero sin refrigerar, para que queden a temperatura ambiente.

4 Ahora le toca al pichón. Caliente otra cucharada de aceite de oliva con la mantequilla en un sartén de base pesada. Salpimiente las pechugas y cocine, con la piel hacia abajo, por unos 3 minutos. Voltee las pechugas y cocínelas del otro lado de 2 a 3 minutos. Deberían sentirse ligeramente elásticas al presionarlas. Sazone de nuevo. Deje por unos 3 minutos mientras sirve las verduras.

5 Escurra la marinada de las verduras (ésta se puede reutilizar si así lo desea). Divida en cuatro platos. Rebane las pechugas de pichón en diagonal, o déjelas enteras, y coloque encima de las verduras. Sirva un chorrito de la marinada sobrante encima y sirva caliente.

Ensalada de pambazos y cigalas en aderezo de mostaza

Las cigalas vienen en tres tamaños, del 1 al 3. Yo generalmente opto por el tamaño más grande, el número 1, porque la carne es abundante y dulce y se mantiene jugosa cuando se asa al horno. Para que sean más fáciles de pelar, blanquee durante sólo 1 minuto en agua hirviendo. Con la excepción de esa parte, la ensalada es bastante fácil de preparar y los colores y sabores van muy bien juntos en el plato. **4 PORCIONES COMO ENTRADA**

12 cigalas grandes
3 cucharadas de aceite de oliva
200 gramos de pambazos grandes y frescos,
  las bases recortadas y después cortados en rebanadas gruesas
150 mililitros de Vinagreta Clásica (página 213)
1 cucharada ligeramente copeada de mostaza de Dijon
150 gramos de hojas de espinaca *baby*
Unas buenas pizcas de polvos de curry suaves
Sal marina y pimienta negra recién molida
Hojas de apio, si gusta fritas en abundante aceite, para adornar

1 Haga hervir una olla grande de agua salada y coloque las cigalas dentro. Hierva por un minuto, después escurra y deje enfriar. Cuando ya las pueda manipular (es más fácil pelarlas cuando están tibias), arránqueles las cabezas y rompa la superficie del cascarón con el lado sin filo del cuchillo. Después simplemente empuje desde el lado de la cola, y del otro lado saldrá el marisco perfectamente pelado y rosa. Reserve.

2 Caliente muy bien 2 cucharadas del aceite en un sartén y saltee los pambazos hasta que estén bien dorados y suavizados. Salpimiente bien. Quite y enfríe.

3 Mezcle la vinagreta con la mostaza. Revuelva los pambazos con un tercio del aderezo. Reserve. Salpimiente la espinaca y revuelva con otro tercio del aderezo. Monte en el centro de cuatro platos. (En el restaurante montamos las hojas de espinaca en forma de flor dentro de un molde de galletas grande y sencillo, aunque sé que es algo que no se puede hacer cuando se cocina solo).

4 Salpimiente las cigalas y espolvoree el curry. Caliente muy bien lo que queda del aceite en un sartén y saltee las cigalas rápidamente por un minuto o dos de cada lado. Corte cada una a la mitad, si están grandes.

5 Con una cuchara, coloque los pambazos con mostaza en el centro de la espinaca y después coloque encima las cigalas. Finalmente, rocíe encima lo último que queda del aderezo, adorne con las hojas de apio y sirva rápidamente.

Ensalada *tiède* de clavitos, mejillones y crosnes

Éste es un buen ejemplo del estilo de plato al que los franceses llaman 'terre et mer' y que combinan comida de tierra y mar. Es una ensalada tibia de mejillones y dos ingredientes poco comunes que se encuentran sólo en el otoño, los clavitos y los crosnes. Los clavitos son diminutos hongos de forma perfecta y copas del tamaño de una Luneta. Su tamaño como de cuento de hadas da la impresión errónea, pues tienen mucho carácter y responden bien al freírse con abundante aceite. Los crosnes o alcachofas chinas son alcachofas 'silvestres' con un buen sabor a campo. Los dos necesitan una preparación especial. **4 PORCIONES COMO ENTRADA**

100 gramos de clavitos
25 gramos de mantequilla
2 cucharadas de aceite de oliva
300 gramos de mejillones frescos
1 hoja de laurel
1 ramito de tomillo fresco
100 mililitros de vino blanco seco
100 gramos de crosnes (o utilice alcachofas de Jerusalén)
1 cucharada de perifollo o perejil fresco
2 cucharadas de crema para batir
Sal marina y pimienta negra recién horneada

1 Prepare este platillo en etapas, luego combine todo justo antes de servir. Primero los clavitos: quíteles los tallos para que sólo queden los sombreros. Caliente la mitad de la mantequilla en un sartén y saltee de 2 a 3 minutos hasta que se suavicen.

2 Escurra los jugos y reserve en un sartén pequeño. Limpie el otro sartén, después caliente la mantequilla sobrante con una cucharita del aceite hasta que esté bien caliente. Saltee los clavitos otra vez para dorarlos bien. Escurra, volviendo a reservar los jugos, y ponga a un lado.

3 Lave bien los mejillones y saque las barbas. También cepille bien cualquier lapa que tenga, si es posible. Deseche cualquier mejillón que no se cierre cuando le dé un ligero golpecito. Caliente un sartén y agregue los mejillones, así como la hoja de laurel, el tomillo y el vino. Cubra y cocine por unos 4 minutos.

4 Destápelo y escurra el líquido en el otro sartén en el que reservó los jugos de los clavitos. Deseche cualquier mejillón que no se haya abierto. Saque la carne de todos los que sí y deje enfriar; después refrigere por 30 minutos para que la carne se ponga firme.

5 Para preparar los crosnes, si es necesario quite los extremos, después coloque en un recipiente con un poco de agua fría y frótelos entre sus manos con sal marina. Esto ayuda a que queden limpios. Enjuague bien.

6 Caliente el aceite sobrante en un sartén y saltee los crosnes hasta que estén dorados, unos 3 minutos. Vierta los mejillones en el sartén y rápidamente fría a fuego alto hasta que estén calientes. Agregue los clavitos y vuelva a calentar, después divida entre cuatro platos soperos. Esparza el perifollo o perejil encima.

7 Agregue la crema a los jugos reservados y deje hervir suavemente hasta que se reduzca a la mitad. Bañe la ensalada con esto –habrá justo lo necesario para humedecerlo todo– y sirva.

Risotto de calabaza y tocino

¡Ay de la cocina de otoño que no tenga a su disposición una calabaza rechoncha! Hay tantas formas de aprovechar su pulpa cremosa, dulce y dorada, desde sopas y estofados hasta rellenos de pasta y pays de postre. Un risotto *con una* brunoise *ligeramente dorada de calabaza cortada en cubos, un poco de tocino ahumado y crujiente y un punzante parmesano hacen de ésta una buena comida ligera.* **4 PORCIONES COMO ENTRADA O 2 COMO PLATO PRINCIPAL**

40 gramos de tocino, picado
500 a 600 mililitros de Caldo Ligero de Pollo (página 212)
2 echalotes grandes, picados
500 gramos de pulpa de calabaza, cortada en cubos de 1 centímetros
3 cucharadas de aceite de oliva
200 gramos de arroz para *risotto* (Carnaroli, Arborio o Vialone Nano)
100 mililitros de vino blanco seco
2 cucharadas de mascarpone
25 gramos de queso parmesano recién rallado
Sal marina y pimienta negra recién molida

1 Caliente bien un sartén seco antiadherente y fría el tocino hasta que esté dorado y crujiente. Escurra y reserve. Caliente el caldo en una cacerola hasta que burbujee suavemente.
2 En un sartén grande, suavemente saltee los echalotes y calabaza en el aceite por unos 5 minutos. Agregue el arroz, removiendo, y cocine por 2 minutos más, para dorar los granos. Vierta el vino y cocine hasta que se reduzca por completo.
3 Ahora vierta una cuarta parte del caldo y remueva bien. Cocine suavemente hasta que se absorba todo el líquido, después agregue otro cucharón lleno de caldo y remueva. Siga cocinando y removiendo, agregando el caldo gradualmente, hasta que los granos de arroz estén tiernos. Todo el proceso debe tomar unos 15 minutos.
4 Unos 2 minutos antes de terminar de cocinar, agregue el tocino, el mascarpone y la mitad del parmesano. Revise la sazón y sirva de inmediato en platos hondos calientes. Espolvoree el parmesano sobrante encima.

Mosaico de carne de caza otoñal

Si quiere una entrada que se prepara con antelación, lo mejor es una atractiva terrina con trozos gruesos. No usamos gelatina para que las capas mantengan su forma; en cambio, confiamos en las propiedades naturales de los nudillos o manitas de cerdo. Necesitará una buena selección de aves de caza y, quizás como algo especial, un poco de foie gras. Al servir, rociamos un toque de aceite de trufa encima de cada rebanada para que tenga un brillo apetitoso. La terrina queda mejor con brioche *tostada, pero una baguete crujiente funciona bien. También queda con una ensalada de manzana y apio nabo, como la de la página 121, o unas hojas de ensalada mixta aderezadas con una vinagreta de avellana.* **UNA TERRINA DE 1 KILO PARA 6 A 8 PORCIONES COMO ENTRADA**

2 codillos de jamón o 700 gramos de lomo con 1 manita de cerdo

1 zanahoria, picada en trozos grandes

1 cebolla, picada en trozos grandes

1 tira de apio, picada en trozos grandes

1 poro, picado en trozos grandes

1 ramillete de hierbas frescas (una atado de hoja de laurel, un ramito de tomillo, tallos de perejil y hojas de perejil)

1 ramito de tomillo fresco

Carnes

4 pechugas de paloma torcaz

2 pechugas de faisán

2 pechugas de perdiz

2 pechugas de pollo de rancho

200 gramos de filete de venado

3 cucharadas cada una de madeira, oporto rubí y coñac

2 a 3 cucharadas de aceite de oliva

Sal marina y pimienta negra recién molida

1 Coloque los codillos de jamón o el trozo de lomo a remojar toda la noche en abundante agua fría. Para las carnes, recorte las pechugas en forma pareja, desechando toda la piel, hueso, grasa o nervios. Colóquelas todas juntas con el filete de venado y el alcohol, y deje toda la noche para que se impregne de sabor y se manche la carne.

2 Al día siguiente, escurra los codillos o el trozo de lomo y coloque en un recipiente grande con las verduras picadas en trozos grandes y el ramillete de hierbas (y la manita de cerdo si está utilizando un trozo de lomo). Haga hervir lentamente, removiendo la nata que se vaya formando encima. Hierva fuego lento de 1½ a 2 horas, hasta que la carne esté muy tierna, desnatando frecuentemente. (El proceso de desnatar es lo que le ayuda a obtener un hermoso caldo transparente).

3 Deje el jamón o lomo a enfriar en el caldo, después saque. Deseche toda la piel y grasa y deshebre la carne en gruesas hebras; reserve. Cuele el caldo, después hiérvalo a fuego lento con el ramito de tomillo fresco por unos 10 minutos. Enfríe. Coloque un poco de caldo en un recipiente y enfríe para probar si cuaja bien. Debe quedar firme. Si no, siga hirviendo el caldo hasta reducir más, y vuelva a revisar si cuaja. Cuando vea que la muestra cuaja con firmeza, mida 500 mililitros.

4 Escurra las carnes y seque con palmaditas. Caliente el aceite en un sartén de base pesada y caliente cada carne por separado: las pechugas de pollo de 4 a 5 minutos de cada lado y las otras carnes de 3 a 4 minutos por lado, según su grosor. Enfríe sobre una toalla de papel, salpimentando mientras se enfrían.

5 Ahora ensamble la terrina. Vierta un poco del caldo en el fondo de una terrina de 1 kilo y deje que cuaje en el refrigerador. Forme las capas comenzando con delgadas rebanadas de *foie gras*, si es que lo está usando, o una delgada de jamón deshebrado. Coloque las pechugas, el filete de venado y más jamón deshebrado sobre esto. Vierta cucharadas del caldo para cuajar sobre cada capa, apenas suficiente como para sostener las carnes en su lugar. Cuando termine, coloque la terrina en el refrigerador para cuajar hasta que esté firme, por lo menos toda la noche.

6 Para servir, remoje el molde de terrina brevemente en un recipiente de agua hirviendo y cuente hasta cinco. Afloje las orillas y voltee sobre una tabla. Corte en rebanadas gruesas con un cuchillo largo caliente.

Tartas de jitomate y parmesano gratinado

En el otoño hay una abundancia de jitomates saladet regordetes y llenos de sabor que me gusta ser-vir estilo pizza sobre discos de pasta ligera y crujiente. Las rebanadas de jitomate se ligan con virutas derretidas de parmesano y luego se colocan encima de la pasta, justo antes de servir. Se coloca un bouquet de ensalada de arúgula encima de cada tarta. **4 PORCIONES COMO ENTRADAS**

300 gramos de pasta de hojaldre, preferiblemente hecha en casa (página 214)

8 jitomates saladet grandes y maduros, pelados

2 cucharadas de vinagre balsámico

2 cucharadas de aceite de oliva

1 cucharada de perifollo fresco picado

1 cucharada de perejil fresco picado

50 gramos de parmesano fresco, en virutas hechas con un pelador

100 gramos de arúgula

1 a 2 cucharadas de Vinagreta Clásica (página 213)

Sal marina y pimienta negra recién molida

1 Estire la pasta a un grosor de 2 milímetros. Corte cuatro círculos de 12 centímetros de diámetro, usando un platito como molde. Coloque encima de una charola para hornear pesada y refrigere por 20 minutos.

2 Caliente el horno a 200ºC. Hornee la pasta por 10 minutos y después coloque otra charola para hor-near encima para que queden bien planos los círculos. Hornee de 8 a 10 minutos más hasta que estén apenas dorados. Deslice sobre una rejilla de metal para enfriar y que queden crujientes.

3 Corte rebanadas parejas de jitomate y acomódelas sobre otra charola para hornear en cuatro círcu-los empalmados parecidos al tamaño de los círculos de pasta (definitivamente no más grandes). Con una brocha, frote con el vinagre balsámico y aceite, salpimiente y espolvoree con las hierbas. Coloque las virutas de parmesano encima, asegurándose de que se conecten con todas las rebana-das de jitomate, pues conforme se van derritiendo hacen que el jitomate se mantenga unido.

4 Caliente la plancha a temperatura máxima. Cuando esté muy caliente, coloque los jitomates bajo la parrilla cerca del fuego. El queso deberá empezar a derretirse casi de inmediato. Observe cuidadosa-mente; el queso no se tiene que dorar, sólo derretir para que una las rebanadas de jitomate.

5 Quite de la parrilla y espere unos segundos, después con una paleta para pescado transfiera cada círculo de jitomate sobre un círculo de pasta.

6 Salpimiente la arúgula y mezcle rápidamente con la vinagreta. Monte encima de cada tarta y sirva de inmediato.

Salmonete al azafrán sobre verduras *à la grecque*

El salmonete, como habrá notado, es uno de mis alimentos favoritos. No sólo sabe bien, sino que la piel roja y delgada se ve tan apetitosa, y me da muchísimas opciones para cocinar de formas distintas. Para esta receta necesitará pescados pequeños, si es posible, o si no, dos más grandes de unos 500 gramos, con los filetes cortados a la mitad. El pescado se sirve con verduras en una marinada de aceite picante; es una excelente comida principal casual. La misma idea funciona bien con macarela muy fresca. Las grelots *son cebollas chatas muy populares en Francia; si no las consigue, puede usar echalotes regordetes.* 4 PORCIONES COMO PLATILLO PRINCIPAL

4 salmonetes pequeños, como de 250 gramos cada uno,
   fileteados de forma pareja en dos, con la piel
5 cucharadas de aceite de oliva
2 pizcas generosas de hebras de azafrán
4 hinojos *baby*, o 2 medianos
2 zanahorias medianas, en rebanadas delgadas
8 cebollas *grelot* o 4 echalotes gordos, rebanados
Sal marina y pimienta negra recién molida

Marinada
150 mililitros de aceite de oliva
1 cucharada de vinagre de vino blanco
1 cucharada de vinagre balsámico añejado
6 granos de cilantro, ligeramente machacados
6 granos de pimienta blanca, ligeramente machacados
1 a 4 anís estrellado
4 dientes de ajo enteros
6 ramitos de cilantro fresco

1 Caliente todos los ingredientes para la marinada hasta que estén a punto de hervir, y reserve para impregnar de sabor de 10 a 15 minutos.

2 Mientras tanto prepare los salmonetes. Recorte los filetes de forma pareja, buscando espinas con las puntas de los dedos y sacándolas con pincitas o con las uñas. (Si los filetes están grandes, entonces corte en dos a lo largo). Frote ambos lados con 2 cucharadas del aceite de oliva y sazone. Machaque las hebras de azafrán encima del lado de la linda piel rosada. Reserve para marinar de 5 a 10 minutos.

3 Si está usando hinojo *baby*, empareje y corte cada uno en dos a lo largo. Si usa los bulbos más grandes, corte en cuartos. Saltee el hinojo en las 3 cucharadas sobrantes de aceite de oliva de 3 a 5 minutos, después agregue las zanahorias y saltee por 2 minutos. Finalmente agregue las cebollas (echalotes) y saltee por 2 minutos más. Pase las verduras a un plato de servir no muy hondo, salpimiente y sirva la marinada encima. Deje enfriar a temperatura ambiente.

4 Caliente un sartén grande antiadherente y, cuando sienta que está caliente, coloque los filetes, con

el lado de piel cubierta de azafrán hacia abajo. Cocine de este lado por 5 minutos hasta que la carne se sienta casi firme y la piel esté bien crujiente. Cuidadosamente voltee los filetes, fijándose de no romper la piel, y cocine el otro lado por un minuto o dos. Salpimiente bien.

5 Deslice cada filete cocinado suavemente al plato y con una cuchara sirva las verduras y la marinada hasta cubrir. Deje el pescado enfriar a temperatura ambiente. Con cuidado quite la marinada. (La marinada se puede colar y guardar en el refrigerador hasta por una semana para volver a usarse).

6 Sirva los filetes de salmonetes y verduras marinadas a temperatura ambiente o ligeramente fríos. Este plato queda bien con una ensalada de arúgula ligeramente aderezada.

Salmonete con hinojo glaseado con naranja y aderezo de pesto

El hinojo es una verdura popular en todo el Mediterráneo; con frecuencia se ven puestos de mercado y carretas de granjeros con bulbos frescos y crujientes apilados, llenos de jugoso sabor a anís. Casi siempre nos limitamos a usarlo en ensaladas y ocasionalmente lo preparamos con salsa de jitomate. Pero hay muchos otros sabores bajo el sol que el hinojo complementa: la naranja es uno, el pesto otro y, por supuesto, es uno de los grandes acompañantes del pescado. Esta comida combina todos estos elementos. **4 PORCIONES COMO PLATILLO PRINCIPAL**

4 salmonetes medianos, de 250 a
   300 gramos cada uno, en dos filetes
   parejos, con piel
2 pizcas generosas de hebras de azafrán,
   bien machacadas
3 cucharadas de Vinagreta Clásica (página 213)
2 bulbos grandes de hinojo
4 cucharadas de aceite de oliva
1 cucharadita de sal marina fina
1 cucharadita de azúcar blanco finísimo
200 mililitros de jugo fresco de naranja

15 gramos de mantequilla
Sal marina y pimienta negra recién molida

Pesto
25 gramos de piñón
2 dientes gruesos de ajo,
   picados en trozos grandes
15 gramos de hojas de albahaca fresca
50 gramos de queso parmesano, recién rallado
3 cucharadas de aceite de oliva extra virgen

1 Empareje las orillas de los filetes de salmonete. Revise si hay espinas y sáquelas. Frote las hebras de azafrán machacadas sobre la piel rosada. Reserve en el refrigerador.

2 Prepare el pesto en un procesador de alimentos, licuando los ingredientes. Combine con la vinagreta. Reserve.

3 Para preparar el hinojo, empareje las partes de arriba y luego, con un cuchillo filoso pequeño, corte las partes duras. Corte cada bulbo a la mitad a lo largo. Saque el corazón pero deje intacto el extremo de la raíz, para mantener unidas las capas. (Vea fotografías de esta técnica en la página 219).

4 Precaliente el horno a 190ºC. Caliente 2 cucharadas del aceite en una cazuela a prueba de flamas que se pueda usar en el horno. Mezcle la sal y el azúcar y espolvoréelos sobre el hinojo. Agregue las mitades de hinojo a la cazuela, presionándolas firmemente sobre el aceite caliente, y voltee una o dos veces para que se doren bien. Desglase con el jugo de naranja y deslice el trozo de mantequilla por una orilla de la cazuela. Con una cuchara, vierta los jugos sobre el hinojo.

5 Cubra con papel estrella y transfiera al horno. Cocine de 15 a 20 minutos hasta que el hinojo se suavice, cubriendo con los jugos de cocción por lo menos dos veces. Verifique si ya está tierno con la punta de un cuchillo filoso.

6 Mientras se cocina el hinojo, caliente las 2 cucharadas de aceite sobrantes en un sartén grande de base pesada y fría los filetes de salmonete por unos 3 minutos del lado de la piel. Con cuidado voltee los filetes y cocine el otro lado brevemente, como 1 minuto. El salmonete es un pescado delicado, así que trátelo con cuidado. Retire y mantenga caliente.

7 Levante las mitades de hinojo y colóquelas en una tabla. Haga cortes parejos desde la punta hasta la raíz, dejando la raíz sin cortar para que mantenga juntas las mitades de hinojo. Transfiera a platos calientes y presione los 'abanicos' para que se abran. Coloque dos filetes de salmonete encima de cada abanico de hinojo y rocíe el aderezo de pesto alrededor.

Filetes de rémol con *confit* de pambazos y jitomate

El rémol se está volviendo cada vez más fácil de encontrar en las pescaderías buenas. Es un pescado plano y de consistencia firme, y siempre se le debe quitar la piel antes de cocinar; sus escamas duras y diminutas la convierten en una de las peores pieles para preparar. El pescado se sirve con dos confits: *jitomates en aceite de oliva y pambazos en grasa de ganso. Los dos son estupendos con el rémol.* **4 PORCIONES COMO PLATO PRINCIPAL**

6 jitomates saladet grandes, sin la piel

3 a 4 cucharadas de aceite de oliva

2 dientes de ajo, rebanados

Hojas de 1 ramito de tomillo fresco

4 filetes de rémol, de unos 125 gramos cada uno, despellejados

200 gramos de hojas de espinaca *baby*

15 gramos de mantequilla

¼ de *Confit* de Pambazos (página 213) con un poco de la grasa

1 a 2 cucharadas de aceite de oliva

Un chorrito generoso de jugo de limón

Sal marina y pimienta negra recién molida

1 Primero prepare el *confit* de jitomate. Caliente el horno a 150ºC. Corte los jitomates en cuartos, saque los centros y con una cuchara remueva las semillas. Acomode en formas de 'pétalo' (debería tener 24 en total) y coloque en una charola pequeña para hornear. Rocíe con el aceite y esparza encima las rebanadas de ajo, hojas de tomillo, sal y pimienta. Ase los jitomates lentamente alrededor de 1 hora, vertiendo sus propios jugos encima unas dos o tres veces, hasta que estén suaves pero todavía mantengan su forma. Deje enfriar a temperatura ambiente.

2 Empareje los filetes de rémol si es necesario y revise si la carne tiene espinas, pasando sus dedos sobre ella.

3 Blanquee la espinaca en un poco de agua salada hirviendo con la mantequilla. Cuando se marchite, remueva y escurra bien, apretándola con la base de un cucharón. Mantenga caliente.

4 Ponga el *confit* de pambazos con un poco de la grasa en un sartén pequeño y recaliente suavemente.

5 Mientras tanto, caliente el aceite en un sartén grande antiadherente. Sazone el pescado y cocine por unos 3 minutos de cada lado hasta que se sienta apenas firme. Rocíe con el jugo de limón.

6 Para servir, apile la espinaca en el centro de cuatro platos calientes. Coloque los filetes de rémol encima. Sirva el *confit* de pambazos alrededor y acomode seis pétalos de jitomate encima del *confit*. Rocíe alrededor una cuchara de la grasa de los pambazos para cada plato.

Bacalao asado con puré de papa al ajo

Un grueso pedazo de bacalao con puré de papas es uno de nuestros tesoros culinarios naciona-les, especialmente si se cocina a la perfección. Los filetes de un bacalao que pesa de 4 a 5 kilos tienen una textura perfecta; si son más grandes, los pedazos de carne se vuelven demasiado grandes y se desmoronan después de cocinar. ¿Sabía que el bacalao es el pescado que menos escamas tiene? Esto significa que la piel se puede marcar fácilmente. Nosotros nos aprovecha-mos de esto e insertamos cloutes de hierbas –ramitos de tomillo o romero u hojas de albahaca enrolladas– en la piel. Para la papa al ajo, blanquee y refresque los dientes de ajo por lo menos tres veces para obtener el sabor sin que sea punzante. **4 PORCIONES COMO PLATO PRINCIPAL**

2 papas grandes (como Desirée o Maris Piper)

6 dientes grandes de ajo

150 mililitros de leche

4 cucharadas de crema para batir

75 gramos de mantequilla

100 gramos de pambazos grandes frescos, recortados y cortados en rebanadas delgadas

El jugo de ½ limón

1 cucharada de aceite de oliva

4 *tranches* (pedazos de filete gruesos y parejos) grandes de bacalao, de 175 a 200 gramos cada uno, con la piel

Sal marina y pimienta negra recién molida

1 Pele las papas y corte en cubos parejos. Hierva en agua salada de 12 a 15 minutos. Escurra bien, después regrese a la olla y deje secar de 1 a 2 minutos sobre el fuego. Machaque las papas o páselas por un pasapurés a un sartén.

2 Mientras se cocinan las papas, blanquee el ajo en agua hirviendo por un minuto, luego escurra y refresque en agua fría. Blanquee dos veces más, después pele la piel y machaque los dientes entre dos platos pequeños hasta obtener un puré. Mezcle con la papa.

3 Escalde la leche y lentamente agregue al puré de papas con un poco de sal y pimienta. Después agregue la crema lentamente para hacer un lindo puré suave como el terciopelo. Cocine suavemente por unos 5 minutos y después, batiendo gradualmente, agregue la mitad de la man-tequilla que antes cortó en cubos pequeños.

4 Mientras tanto, caliente la mantequilla sobrante en un sartén y suavemente fría los pambazos por unos 4 minutos. Agregue el jugo de limón y mezcle rápidamente hasta que estén muy calientes.

5 Caliente el aceite en un sartén de base pesada y agregue el pescado, con la piel hacia abajo. Cocine de 6 a 7 minutos hasta que esté firme, después voltee las *tranches* y cocine brevemente del otro lado; el 90% del tiempo debe ser del lado de la piel.

6 Para servir, coloque el puré de papas en medio de cuatro platos, coloque el bacalao encima y esparza los pambazos alrededor.

Rape con mejillones cremosos al curry

Esta 'sopa' es un platillo principal que tiene trozos grandes pero es ligera y cremosa; es perfecta para un día borrascoso, cuando se antoja un platillo de comida reconfortante y caliente. Los filetes de rape se espolvorean con especias de curry antes de asarlos, lo que les da una costra y un color apetitosos. **4 PORCIONES COMO PLATO PRINCIPAL**

1 cola grande de rape, 450 a 500 gramos, fileteada en dos

250 gramos de mejillones

1 hoja de laurel

1 ramito de tomillo fresco

50 mililitros de vino blanco seco

1 zanahoria picada en cubos finos

1 poro pequeño, picado en cubos finos

1 pequeño tallo de apio, picado en cubos pequeños

2 cucharadas de aceite de oliva

2 cucharaditas de polvo suave de curry

2 pizcas de hebras de azafrán, machacadas

300 mililitros del vermouth Noilly Prat

300 mililitros de Caldo de Pescado (página 212)

300 mililitros de crema para batir

100 gramos de hojas de espinaca *baby*, picadas en tiras

Sal marina y pimienta negra recién molida

1 Recorte lo más que pueda de la membrana gris del rape. (Es importante hacerlo para que el pescado no se rice al cocinarlo). Corte cada filete a la mitad a lo largo para obtener cuatro filetes de unos 100 gramos cada uno. Reserve y enfríe.

2 Talle los mejillones y remueva las barbas, si es necesario. Deseche todos los que no se cierren al golpearlos ligeramente. Caliente muy bien una olla grande y vierta dentro los mejillones con el tomillo y el vino. Tape y cocine de 3 a 4 minutos, sacudiendo la olla una o dos veces. Destape y deseche cualquier mejillón que siga cerrado. Escurra los jugos y reserve. Saque toda la carne de mejillón de las conchas.

3 Saltee la zanahoria, el poro y el apio en cubos (*mirepoix*) en 1 cucharada del aceite por unos 5 minutos hasta que se suavice. Agregue una cucharadita del polvo de curry y azafrán para cocinar por unos segundos, después agregue el Noilly Prat. Cocine y reduzca hasta una consistencia de jarabe. Agregue el caldo y los jugos de mejillón reservados y cocine hasta reducir a la mitad. Agregue la crema, removiendo, y hierva a fuego lento por 5 minutos. Sazone bien y mezcle con los mejillones y la espinaca. Vuelva a calentar y mantenga caliente la 'sopa'.

4 Espolvoree los filetes de rape con sal y el polvo curry sobrante. Caliente muy bien el aceite sobrante en un sartén antiadherente y selle el pescado en el aceite muy caliente, volteando para dorar de forma pareja. Cocine de 3 a 4 minutos de cada lado hasta que la carne esté lo suficientemente firme como para sentirse ligeramente elástica cuando presione con la base de un tenedor. Sazone otra vez. Quite y deje enfriar de 3 a 4 minutos, después rebane en medallones si así le gusta.

5 Divida la 'sopa' en cuatro platos soperos calientes. Acomode el rape encima y sirva caliente.

Pez de San Pedro con *ratatouille* de verduras y frijoles blancos

Casi siempre pensamos en las berenjenas, pimientos y calabacitas como verduras de principios del otoño; se cultivan de forma natural y son abundantes en esta época del año. Yo las 'marido' con unos frijoles blancos bien cocidos y luego sirvo con filetes de pez de San Pedro fritos en el sartén. Este pescado se cocina mejor con la piel encima; la carne se divide en tres segmentos, así que la piel es necesaria para mantener juntos los filetes. La salsa se hace con caldo de pollo. Con frecuencia sirvo caldos de carne con los pescados de sabor fuerte. Por cierto, puede cocinar el doble o incluso el triple de frijoles y congelar lo que no use. Lo más sensato en la cocina es preparar una cantidad más grande. **4 PORCIONES COMO PLATO PRINCIPAL**

100 gramos de frijoles secos, remojados toda la noche

½ cebolla pequeña

1 zanahoria pequeña cortada a la mitad

2 ramitos de tomillo fresco

1 berenjena

2 calabacitas medianas

4 pimientos rojos

4 pimientos amarillos

3 cucharadas de aceite de oliva

500 mililitros de Caldo Oscuro de Pollo (página 212)

150 mililitros de crema para batir

4 filetes de pez de San Pedro, de unos 120 gramos cada uno, con la piel

Sal marina y pimienta negra recién molida

1 Escurra los frijoles remojados y coloque en una olla de agua fría. Deje hervir por unos 10 minutos. Después escurra y cubra con agua fría fresca. Agregue la cebolla, la zanahoria y 1 ramito de tomillo. Hierva a fuego lento de 45 a 55 minutos hasta que los frijoles estén tiernos pero todavía enteros. Escurra y deseche la cebolla, zanahoria y tomillo. Sazone los frijoles conforme se vayan enfriando.

2 Corte la piel de la berenjena en tiras de 1.5 centímetros de grosor, para obtener tiras de verdura con cáscara de un color bonito. Deseche la pulpa sobrante o úsela para otra cosa. Corte las tiras de berenjenas en triángulos de unos 2.5 centímetros de cada lado. Haga lo mismo con las calabacitas.

3 Quite la piel de los pimientos enteros usando un pelador. Corte la pulpa en tiras largos y deseche los centros. Corte la pulpa del pimiento en triángulos también.

4 Caliente 2 cucharadas del aceite en un sartén y suavemente saltee las berenjenas por unos 3 minutos. Agregue los pimientos y saltee por 2 minutos, después agregue las calabacitas y saltee de 2 a 3 minutos más. Salpimiente bien. Con un cucharón agregue unos 100 mililitros del caldo, después agregue algunas de las hojas sobrantes de tomillo. Deje hervir sin tapa a fuego lento hasta que el líquido se reduzca por completo y cubra las verduras con un brillo glaseado. Agregue los frijoles y vuelva a calentar suavemente.

5 Mientras se cocinan las verduras, hierva el caldo sobrante hasta que se reduzca a la mitad. Agregue la crema y las últimas hojas de tomillo, y cocine por 5 minutos. Sazone al gusto.

6 Finalmente caliente el aceite sobrante en un sartén grande antiadherente. Sazone el pescado y cocínelo del lado de piel por 3 minutos hasta que esté bien dorado. Voltee los filetes con cuidado y cocine el otro lado por 2 minutos o hasta que estén firmes pero todavía un poquito elásticos.

7 Divida las verduras entre cuatro platos calientes, coloque un filete de pescado encima de cada uno y vierta la salsa alrededor.

Confit de patas de pato

El pato cocinado lentamente tiene algo muy apetitoso, porque queda tan tierno que parece que se derrite y se cae de los huesos. Yo uso el pato de Gressingham, que tiene carne de sabor fuerte y menos grasa. Puede comprar las patas separadas, y éstas son particularmente buenas si se cocinan confitadas en grasa de ganso y luego se sirven con papas a la francesa y una ensalada de escarola. **4 PORCIONES COMO PLATO PRINCIPAL**

Hojas de un ramito de tomillo
4 patas de pato (preferiblemente pato de Gressingham)
Unos 500 gramos de grasa de ganso
1 ramillete de hierbas frescas (un atado de hojas de tomillo,
    unos ramitos de perejil, un ramito de tomillo fresco
    y un pequeño pedazo de apio)
200 gramos de hojas de escarola
Vinagreta Clásica (página 213)
Papas fritas (vea Mi *Steak Tartare* Especial
    con Papas Fritas, página 197), para servir
Sal marina y pimienta negra recién molida

1 Presione las hojas de tomillo fresco sobre las patas de pato y espolvoree con sal marina. Deje a temperatura ambiente por 1 hora para sacar un poco de la humedad. Mientras tanto, ponga a calentar el horno a 160ºC.
2 Ponga las patas de pato y la grasa de ganso en una olla y lentamente caliente hasta que estén a punto de hervir. Transfiera a una cazuela no muy profunda y agregue el ramillete de hierbas. Cubra y coloque en el horno. Ase por alrededor de hora y media, hasta que pueda aflojar el hueso de la pata con facilidad. Esto indica que la carne está muy tierna.
3 Escurra las patas y déles palmadas con una toalla de papel. Escurra la grasa y guárdela para saltear las papas y para otros usos; está deliciosa. Caliente bien un sartén de base pesada y cocine las patas, con el pellejo para abajo, por unos pocos minutos para que la piel quede crujiente. Cuide de no cocinar de más.
4 Aderece la escarola con un poco de vinagreta y coloque en el centro de cuatro platos. Acomode las papas alrededor, después coloque las crujientes patas de pato encima de las hojas.

Silla de conejo con ñoquis de hierbas

Éste es un buen plato de campo servido con estilo. Como el pato, el conejo se puede cocinar lentamente en grasa de ganso hasta que la carne quede deliciosamente tierna. Una vez cocinada, la carne se puede servir con ñoquis de papa caseros y unos jitomates asados al horno. Un platillo hermoso para un almuerzo largo y tranquilo. **4 PORCIONES COMO PLATO PRINCIPAL**

1 silla de conejo, como de 500 gramos

1 cucharada de aceite de oliva

Hojitas de un ramillete de romero fresco, picadas

400 gramos de grasa de ganso

Hojas de ensalada mixta, como guarnición

Sal marina y pimienta negra recién molida

Ñoquis

2 papas grandes para hornear (Desirée o Maris Piper), de unos 400 gramos cada una

160 gramos de harina blanca

1 cucharadita de sal marina fina

1 huevo de rancho grande

1 cuchara cada una de albahaca fresca picada y perejil picado

3 a 4 cucharadas de aceite de oliva

1 Tome los dos filetes largos de la silla del conejo. Envuelva cada uno muy bien con plástico autoadherible y enfríe por 24 horas.

2 Al día siguiente, desenvuelva los filetes de conejo y frote ligeramente con el aceite, luego espolvoree la superficie con un poco de sal y hojas picadas de romero. Deje por 1 hora.

3 Coloque el conejo y la grasa de ganso en un sartén de base pesada y no muy hondo. Haga hervir y después baje la temperatura lo más posible (hasta donde pueda está bien). Cocine de 1 a 1^1/$_2$ horas, quizás más, hasta que la carne esté tierna. Permita que el conejo se enfríe dentro de la grasa, después saque y seque con palmaditas con una toalla de papel. Reserve la grasa para otras recetas.

4 Mientras se cocina el conejo, prepare los ñoquis. Caliente el horno a 180ºC. Hornee las papas por alrededor de 1 hora hasta que estén cocidas. (Hornearlas ayuda a mantener la pulpa seca). Enfríe y con una cuchara saque la pulpa y machaque o pase por un pasapurés. Mezcle con la harina, sal, huevo y hierbas. Gradualmente agregue 3 cucharadas del aceite hasta obtener una masa firme pero suave.

5 Voltee sobre una superficie enharinada y suavemente amase hasta que esté dúctil. Estire con el rodillo hasta obtener una forma de puro, envuelva en película autoadherible y deje reposar y enfriar.

6 Haga hervir una olla grande de agua salada y agregue el aceite sobrante. Con la parte sin filo de un cuchillo de cocina (esto ayuda a aplastar las orillas y a darles la forma tradicional del ñoqui), corte tiras de 3 centímetros. (Vea fotos de esta técnica en la página 220). Eche de inmediato en el agua hirviendo y cocine por unos 3 minutos.

7 Tenga listo un recipiente grande de agua helada. Conforme se vaya cocinando cada tanda, levante con un cucharón con rendijas y hunda de inmediato en el agua helada. Deje por alrededor de un minuto, después escurra bien y seque dando palmaditas con una toalla de papel.

8 Cuando sea la hora de servir, caliente la parrilla. Cuando esté caliente, dore los filetes de conejo ligeramente de todos los lados. Mientras tanto caliente un poco de aceite o grasa de ganso en un sartén y fría los ñoquis cocinados por 3 a 4 minutos hasta que estén crujientes de ambos lados. Escurra en una toalla de cocina.

9 Corte cada filete de conejo a la mitad diagonalmente y sirva con los ñoquis y una guarnición de hojas de ensalada.

Cadera de ternera con un *fricassée* de pambazos y col

Éste es un buen platillo para las fiestas. Puede precocer las verduras parcialmente y luego recalentarlas mientras fríe en el sartén las caderas de ternera, tiernas y sin grasa. Las caderas de ternera vienen de la parte de arriba de la pierna y quedan mejor si se marinan por lo menos 6 horas antes de cocinar. **4 PORCIONES COMO PLATO PRINCIPAL**

4 filetes de cadera de ternera, de unos 120 gramos cada uno

4 cucharadas de aceite de oliva

1 hoja de laurel grande, machacada

2 ramitos de tomillo fresco

200 gramos de pambazos frescos grandes, sin los tallos

2 jitomates saladet medianos, pelados y sin semillas

1 col de Saboya mediana

50 gramos de mantequilla

2 cucharadas de cebollín fresco picado

3 cucharadas de Vinagreta Clásica (página 213)

Sal marina y pimienta negra recién molida

1 Recorte los filetes para que queden parejos, si es necesario. Coloque en un refractario no muy hondo y rocíe la mitad del aceite encima. Ponga la hoja de laurel machacada y las hojitas del racimo de tomillo entre los filetes. Deje marinar en el refrigerador por 6 horas.

2 Rebane los pambazos de forma pareja pero no muy delgada. Pique los jitomates finamente. Corte la col en cuatro piezas, desechando la primera capa de hojas externas. Corte el corazón de la col, después pique las hojas en tiras finas.

3 Haga hervir una olla grande de agua salada y blanquee la col por 2 minutos. Escurra y refresque bajo agua fría corriente, después vuelva a escurrir bien. Caliente la mantequilla en la misma olla y agregue hojas de tomillo del segundo ramito. Cocine por unos segundos, después agregue la col blanqueada, mezclando rápidamente. Mezcle bien y cocine por 2 minutos más hasta que esté bien glaseada y cocida. Sazone bien y reserve.

4 Caliente el aceite sobrante en un sartén y saltee los pambazos rebanados por unos 5 minutos hasta que estén ligeramente dorados y tiernos. Agregue el jitomate en cubos y el cebollín y sazone. Mezcle con la col. Mantenga caliente.

5 Caliente un sartén grande antiadherente. Levante los filetes de ternera del plato y escurra el aceite. Sazone ligeramente. Cocine los filetes de 2 a 3 minutos de cada lado hasta que la carne se sienta ligeramente elástica cuando se presione con la parte de atrás de un tenedor. No cocine de más; la ternera se debe servir 'justo un poco más que rosada'. Quite y deje reposar por unos minutos. Mezcle la vinagreta en el plato para desglasar los jugos.

6 Para servir, divida las verduras entre cuatro platos. Corte los filetes en rebanadas delgadas en diagonal y acomode encima de las verduras. Bañe con el *jus* de la charola y sirva.

Mollejas con mermelada de echalotes y hongos

Hoy en día son pocos los que se molestan en preparar mollejas en casa, y es una lástima. Si se preparan así, quedan deliciosamente cremosas y con una cubierta crujiente. Cuando pongo el platillo en el menú es muy popular, así que sé que hay gente que adora comerlas. Compre mollejas de páncreas, también conocidas como 'heartbreads' en inglés. Algunas recetas sugieren que primero se blanqueen las mollejas y después se pele la membrana; para mí es más fácil usar un cuchillo delgado y muy filoso. Calcule un par de mollejas para dos personas. **4 PORCIONES COMO PLATILLO PRINCIPAL**

2 pares de mollejas, de 250 a
   300 gramos cada una
1 cucharadita de polvos de curry suaves
2 cucharadas de aceite de oliva
50 mililitros de Vinagreta Clásica
   (página 213)
200 gramos de arúgula
Sal marina y pimienta negra recién molida

Mermelada
250 echalotes grandes (echalotas banana), en
   rebanadas delgadas
4 cucharadas de aceite de oliva
1 cucharada de azúcar morena
½ cucharadita de hojas de tomillo fresco
2 cucharadas de vinagre de jerez
50 mililitros de Vinagreta Clásica (página 213)
150 boletos castaños, en rebanadas delgadas

1 Primero prepare la mermelada. Saltee los echalotes en 2 cucharadas de aceite por 10 minutos, después agregue el azúcar, removiendo, y siga cocinando hasta que se caramelicen y estén suaves y jugosos. Agregue el tomillo, vinagre y vinagreta y sazone.

2 En un sartén aparte, caliente muy bien el aceite sobrante y saltee los hongos por unos 5 minutos hasta que se suavicen. Sazone, después agregue a los echalotes, removiendo. Reserve.

3 Despelleje las membranas de las mollejas con la punta de un cuchillo muy filoso, como si serruchara. Corte a la mitad cada par de mollejas y luego espolvoree ligeramente con sal y el polvo curry.

4 Caliente el aceite en un sartén y cocine las mollejas de 7 a 8 minutos, volteando una o dos veces. Asegúrese de que la parte de afuera esté bien crujiente. Rocíe la mitad de la vinagreta y siga cociendo por un par de minutos, removiendo para cubrir ligeramente las mollejas con los jugos del sartén. Quite y escurra en una toalla de papel.

5 Mezcle rápidamente la arúgula en lo que queda de la vinagreta y salpimiente bien. Divida la mermelada en cuatro platos y coloque la arúgula aderezada encima. Ponga las mollejas sobre la arúgula y sirva de inmediato.

Frutas otoñales horneadas

¡Seleccione las mejores frutas frescas de estación y transfórmelas en una nueva ensalada de frutas con estilo! Primero mezcle las frutas velozmente con azúcar glas y luego hornéelas en una charola increíblemente caliente para que tengan un delicioso sabor caramelizado. Absolutamente fabulosas con una crema espesa. **4 A 6 PORCIONES**

50 gramos de azúcar blanca finísima

1 copa chica de champaña u otro
   vino espumoso blanco y seco

2 peras Conference grandes

4 ciruelas rojas grandes

2 manzanas Cox

Un puñado generoso de zarzamoras
   o arándanos frescos

25 gramos de azúcar glas

2 cucharadas de *eau-de-vie*
   o brandy o whisky

1 Disuelva el azúcar en 100 mililitros de agua y después hierva durante 3 minutos. Quite del fuego y agregue la champaña o el vino espumoso. Vierta en un recipiente grande y reserve.

2 Pele las peras y saque el centro, después rebane o píquelas. Corte las ciruelas a la mitad, deshuese y rebane. Saque el centro de las manzanas y rebánelas.

3 Caliente muy bien un sartén grande antiadherente. Mientras tanto, mezcle suavemente todas las frutas en un recipiente con el azúcar glas.

4 Saltee las frutas cubiertas de azúcar en el sartén caliente por alrededor de 1 minuto y después agregue el *eau-de-vie* u otro alcohol y cocine por uno o dos minutos hasta que se evapore.

5 Deslice las frutas calientes en el jarabe de champaña. Deje enfriar, y luego refrigere ligeramente. Sirva con crema batida y galletas delgadas y crujientes, como las *Tuiles* de Coco (página 215).

Merengues con vainilla y crema de moras otoñales

Aquí hay una receta para todos los golosos que amen un budín cremoso. Prepare discos redondos de merengues con crujiente exterior y chicloso interior y, para que sean aún más pecaminosas, bañe las bases de chocolate. Y entre dos de ellas, coloque la crema batida y las moras machacadas, una mezcla de las últimas fresas y frambuesas del final del verano y un puñado de bayas del saúco. **6 PORCIONES**

4 claras de huevo de rancho grande

Una pizca de sal marina fina

250 gramos de azúcar blanca fina, más 2 cucharadas para la crema

100 gramos de chocolate oscuro (opcional)

1 vaina de vainilla, rebanada a la mitad

Unos 300 mililitros de crema espesa

200 gramos de mezcla de fresas, frambuesas,
   zarzamoras y bayas del saúco, ligeramente machacadas

1 pequeño mango maduro, pelado y picado

1 Primero prepare los merengues. Coloque las claras de huevo y la sal en un recipiente grande y completamente limpio. Con un batidor eléctrico, comience a batir despacio, después aumente la velocidad gradualmente. Bata constantemente hasta obtener picos brillantes, blancos y firmes. La mezcla debe quedar firme pero no seca ni granulada. Agregue una cucharada o dos del azúcar, batiendo, y una vez incorporada agregue otra cucharada, batiendo. Siga agregando el azúcar y batiendo hasta que los 250 gramos estén mezclados. Con una cuchara, coloque la mezcla de merengues en una manga pastelera de punta simple y diámetro de 1.5 a 2 centímetros.

2 Caliente el horno a su temperatura más baja, alrededor de 140ºC. Forre una charola (o dos) de papel estrella o un forro de silicón para cocinar. Con la manga, haga anillos concéntricos de 12 centímetros, tratando de dejarlos con un grosor de 1 centímetro. Deberá obtener por lo menos 12 discos.

3 Hornee los merengues $1\frac{1}{2}$ a 2 horas, hasta que el exterior esté firme y crujiente pero el interior todavía se sienta un poco suave. Quite de la charola y coloque en una rejilla de metal. Después de 10 minutos, deslice los merengues del papel o forro y deje sobre la rejilla para enfriarse completamente,

4 Derrita el chocolate, si lo va a usar, en una olla sobre agua caliente o en el microondas. Enfríe un poco, después distribuya en la parte de abajo de los merengues. Colóquelos boca abajo sobre la rejilla.

5 Abra la vaina de vainilla a lo largo y saque las semillitas pegajosas y diminutas, colocándolas en la crema. Agregue 2 cucharaditas de azúcar y bata hasta que esté espesa y suave pero no firme. Incorpore suficiente crema a las frutas para ligarlas.

6 Justo antes de servir, junte los merengues en pares, con la crema de frutas en medio.

Tarta de manzana caramelizada

Hacer una tarta de pasta crujiente y fruta tierna tiene su chiste. El secreto está en cocinarla boca abajo, para que los jugos de fruta no se filtren a la masa y la vuelvan aguada. Idealmente, prepare esta tarta en una charola de metal no muy profunda que se pueda meter al horno, por ejemplo, una charola para gratinar, una paella o un molde de tarte Tatin *(en el restaurante hacemos tartas individuales y las decoramos con una vaina abierta de vainilla espolvoreada con azúcar glas). Sirva con una bolas de helado de vainilla cremoso y dulce, o pruebe con un Helado de Tomillo hecho en casa (página 215), Sorbete de Limón (página 215) o quenelles de mascarpone o nata.* **2 A 3** PORCIONES

3 manzanas Cox grandes
300 gramos de Pasta de Hojaldre (página 214)
40 gramos de mantequilla fría sin sal,
   en rebanadas delgadas
80 gramos de azúcar blanca muy fina,
   mezclada con ¼ de cucharadita de polvo de cinco especias chino

1 Unas 4 horas antes de cocinar, corte las manzanas en cuartos, saque el centro y pele. Deje los cuartos de manzana descubiertos para que se oxiden un poquito y se resequen. Claro, no importa si se ponen cafés porque van a quedar cubiertas de caramelo de cualquier manera.
2 Estire la pasta y corte un círculo de 23 a 24 centímetros de diámetro (suponiendo que haga una tarta de 20 a 21 centímetros de diámetro). Le puede ser útil un molde de pastel redondo y grande como templete. Pinche ligeramente con la punta de un cuchillo filoso y refrigere por una o dos horas.
3 Caliente el horno a 200ºC. Cuando sea hora de cocinar, haga capas de la mantequilla dura en rebanadas delgadas en el fondo de la charola y espolvoree encima el azúcar con especias. Presione los cuartos de manzana en la mantequilla, con el lado sin corazón volteado hacia arriba, ordenándolas en un círculo con una en el centro.
4 Coloque la charola a fuego medio. Después de unos cuantos minutos, comience a moverla para que la mantequilla y el azúcar se disuelvan y revuelvan. Incline la charola ocasionalmente para revisar que se esté formando el caramelo. Cocine así por un total de 10 minutos, después quite del fuego.
5 Coloque la pasta sobre la charola y meta las orillas hacia abajo y hacia dentro, presionándolas con un tenedor. Coloque la charola en el horno (con cuidado, ya que el caramelo estará caliente y se le puede escurrir por el brazo; ¡evite tener brazos de chef!). Hornee por unos 15 minutos hasta que la pasta esté bien dorada y crujiente. Saque y enfríe antes de voltearlo sobre un platón grande y redondo. Si el caramelo se pega demasiado, vuelva a calentar unos minutos para derretirlo.

Arroz dulce y cremoso con frutas de otoño

No daré ninguna excusa: es un arroz con leche cremoso y dulce, pero cada mordida vale la pena. Sírvalo tibio o frío (así lo puede moldear en bolas o quenelles). Las frutas agregan un buen contraste de color y sabor). **4 A 6 PORCIONES**

3 ciruelas rojas grandes, sin el hueso y rebanadas

1 pera grande, pelada, sin el centro y rebanada

2 cucharadas de azúcar glas

100 mililitros de Jarabe de Almíbar (página 214) o jugo de manzana

125 gramos de zarzamoras

1 vaina de vainilla

300 mililitros de leche cremosa

300 mililitros de crema para batir

150 gramos de arroz de grano redondo para budines

6 yemas de huevo de rancho

150 gramos de azúcar blanca finísima

1 Primero ase las frutas. Caliente muy bien un sartén antiadherente limpio. Agregue las ciruelas y peras en el azúcar glas y cocine brevemente en el sartén caliente hasta que comiencen a caramelizar. Esto tomará un par de minutos. Quite y mezcle con el almíbar o el jugo y las zarzamoras. Deje enfriar.

2 Abra la vaina de vainilla a lo largo y, con la punta de un cuchillo filoso, saque las semillas. Agréguelas junto con la vaina a la leche y crema en un sartén de base pesada. Suba la temperatura hasta que empiece a escaldarse, cuando el líquido debe empezar a subir por los lados del sartén.

3 Agregue el arroz y vuelva a hervir, removiendo ocasionalmente. Hierva a fuego lento sin cubrir por unos 20 minutos, hasta que el arroz esté suave y casi todo el líquido se haya absorbido.

4 Bata las yemas y el azúcar blanca hasta que estén suaves y homogéneas en un recipiente grande a prueba de fuego, colocándolo sobre un trapo húmedo para que no se mueva. Gradualmente agregue el arroz caliente, batiendo bien. Ponga todo en el sartén y remueva sobre un fuego muy suave hasta que comience a espesar, unos 5 minutos. No deje que el budín se caliente de más o se cortará. Enfríe, removiendo ocasionalmente para evitar que se forme una nata. (Nosotros enfriamos nuestro budín rápidamente sobre un recipiente de hielo picado).

5 Sirva tibio o frío, con las frutas y unas cucharaditas de su jarabe por encima.

invierno

Resulta sorprendente, pero el invierno puede ser una temporada muy buena para una variedad de comidas. Las raíces y las plantas de Brassica están en su mejor punto; hay mucha carne de caza en plena temporada, y el pescado de aguas heladas está carnoso y lleno de sabor. Y ahora que el transporte aéreo es tan rápido y eficiente, se pueden traer frutas y verduras frescas y de calidad desde el hemisferio sur, para que realmente podamos tener lo mejor de dos mundos.

El frío y el hielo pueden marchitar algunas verduras, pero es como si ayudara a crecer a algunas hortalizas resistentes, como la col y las coles de Bruselas. Mis coles favoritas son las de Saboya y las chinas. Las dos tienen la amabilidad de quedar frescas y crujientes durante varios días en el refrigerador. Utilizamos las hojas exteriores verdes oscuras de la col de Saboya para envolver bolitas pequeñas y apretadas de rabo de buey braseado y deshebrado o *confit* de pato. También nos gusta secar las hojas exteriores grandes para preparar una guarnición crujiente para las mollejas: salteamos las hojas enteras y luego las apretamos entre charolas para hornear de metal forradas de papel estrella; luego las horneamos a la menor temperatura del horno por alrededor de 45 minutos. Las coles chinas son estupendas con pescado braseado y escalfado: trituramos las hojas en juliana muy delgada, las salteamos en mantequilla con puntas de tomillo y luego vertemos encima un poco de caldo de pollo, sólo para humedecerlo.

Otra excelente verdura de tallo y hoja para los meses de invierno es la acelga, a la que me gusta llamar por su nombre en francés, *blette*. Las dos partes se preparan por separado; tratamos a las hojas de arriba como si fueran espinacas y a los tallos ondulados como si fueran apio. Con frecuencia hay que pelarlos ligeramente antes de cortarlos en *bâtons* y saltearlos. La acelga va bien con la carne de caza; también me gusta servirla con robalo asado en una salsa de mantequilla y vainilla (uno de mis primeros platillos distintivos en el Aubergine).

A los escoceses nos gustan mucho los nabos suecos –tengo muchas memorias felices del puré dorado y lleno de mantequilla que hacía mi mamá– y son populares en muchas otras partes del mundo. Sin embargo, en Francia los nabos suecos y otros tubérculos se usaban típicamente para alimentar a los cerdos. Quizás eso nos dé risa, pero debo decir que los franceses mirarían con desaprobación nuestras actitudes hacia el apio nabo y el betabel. El sabor ligeramente dulce y un poco almizcleño de los nabos suecos va bien con las aves de caza, como los pichones fritos en sartén y las gallinas de Guinea, así como con pescados de sabor fuerte; una vez lo usé con mucho éxito con un filete de lucioperca, un pescado parecido al lucio y a la perca que es popular en Europa. Nosotros primero cocinamos el nabo sueco en un caldo con mantequilla; después lo licuamos hasta que queda homogéneo y lo ponemos al fuego a que se seque un poquito. El nabo sueco tiene suficiente cuerpo como para hacerse solo como puré y no necesita papa.

El extraño colinabo puede ser objeto de la curiosidad de muchos, pero les doy mi palabra: el sabor de ningún otro tubérculo tiene igual. Parece un nabo, pero es más dulce y delicado. Creo que el colinabo queda mejor cortado en cubos y salteado en aceite y mantequilla antes de brasearlo

con un poco de caldo de pollo, hasta que empieza a estar tierno. Así queda bien con carne de caza ligera, y también sirve para hacer una ligera sopa cremosa.

Muchos damos por buenas las papas 'viejas' grandes, echándolas en bolsas grandes en el carrito del súper sin siquiera mirar la etiqueta. Pero si se toma el tiempo de revisar la variedad, puede elegir papas de excelente sabor o adecuadas para usos particulares, como asar u hornear. Creo que bien vale la pena pagar unos pesos más por kilo: después de todo, una buena papa sigue siendo la comida que más te da por tu dinero. Las 'aristócratas' del mundo de las papas son las King Edwards, Desirée y Maris Piper, ya que son buenas para todos los usos. Si quiere hacer un puré alucinante, primero áselas, sin pelar, en un lecho de sal de roca. Cuando estén suaves, corte a la mitad y con una cuchara saque la pulpa, machacándolas hasta que estén homogéneas. Agregue crema un poco batida y un pedazo generoso de la mejor mantequilla, y también sazone bien; el puré insípido es una gran decepción. Me gusta servir papas fritas en pedazos grandes con carne tártara y –otro ejemplo de cómo la humilde papa se convierte en un encanto *gourmet*– hago que una simple crema de papas se vuelva muy especial agregando finísimas ralladuras de trufa negra.

Una verdura invernal que aprecian tanto los chefs franceses como los británicos es el salsifí (vea la fotografía en la página 165). También los que cocinan en casa comienzan a descubrir sus placeres. Estas extrañas raíces oscuras y delgadas con forma de habano pueden parecer poco apetitosas, pero si las pela ligeramente, abajo encontrará una pulpa de color crema pálido, parecida a la del espárrago blanco. El salsifí tiene un tremendo sabor, robusto y fuerte. Una vez que se pela, hay que hundirla en agua con limón, porque se oxida rápidamente. Después de blanquearla en agua hirviendo, puede cortar los tallos en forma de delgadas pastillas y

saltearlos en aceite de oliva y mantequilla hasta que estén ligeramente dorados. El salsifí es fantástico con pato, ternera y pescados planos como el rémol.

Aunque los venden casi todo el año, los poros se asocian más con los platillos invernales. De hecho, los poros saben mejor en esta temporada, antes de que su centro se endurezca, así que no se desperdicia ninguna parte. Las hojas exteriores tienen varios usos en nuestra cocina. Las más duras sirven para envolver ramilletes de hierbas, mientras que las hojas interiores grandes se transforman en una atractiva guarnición: las picamos en tiras muy finas y las freímos con abundante aceite, después las dejamos en el horno a temperatura baja para que queden crujientes, removiéndolas mientras se secan para que queden un poco *bouffant*. Confitamos palitos del interior del poro (y poro *baby* también) en grasa de ganso por unos 8 minutos, después escurrimos y cocinamos a la plancha hasta que queden crujientes por fuera. Los poros van bien con casi todos los sabores, pero en particular me gusta espolvorearles encima una pizca o dos de hebras machacadas de azafrán mientras se brasean en un caldo con mantequilla o burbujean en una sopa de poro. Los poros *baby* enteros son estupendos si se blanquean y sirven con una salsa de mantequilla y limón.

Si busca chips inusuales de verdura, entonces pruebe con hojas de poro. Abra la parte blanca del poro y corte las capas en cuadros grandes, tamaño mordisco. Blanquéelas para suavizarlas y después seque con palmaditas; con una brochita cubra cada lado con aceite de trufa. Deje secar en el horno a baja temperatura, hasta que esta que estén crujientes. Prometo que serán un punto de conversación en cualquier fiesta.

Algunas verduras tienen un pie en lo caliente y otro en lo frío. Una de estas es la achicoria (o la endivia, como le dicen los del Continente). Aunque en el Reino Unido las usamos más como verdura para ensalada,

en mi cocina generalmente las servimos cocidas. Quedan mejor caramelizadas primero en aceite caliente con azúcar, sal y un toque o dos de cinco especias chinas. Después se pueden humedecer con jugo de naranja fresco y un poco de caldo de pollo, cubiertas con papel estrella y braseadas en un horno a temperatura media por unos 15 minutos, hasta que estén tiernas pero no suaves. Las achicorias braseadas son excelentes con pescado, pollo y conejo. También me gusta hacer 'abanicos' de achicoria (hágalos como los abanicos de hinojo en la página 136).

¿Dónde quedaría un chef que se precia de serlo sin las lentejas de Puy? En Francia, de donde vienen estas lentejas, hasta tiene su propia denominación de origen. Los usos de las lentejas de Puy son prácticamente interminables. Son fantásticas en las sopas, como nuestro famoso *cappuccino* de lentejas con langostinos; estupendas combinadas con una elegante *brunoise* de zanahorias, apio y cebollas, como 'guarnición' para el cordero; y maravillosas mezcladas con vinagreta para servir con pichón. Marcus Wareing, mi chef principal en Petrus, tiene una forma imaginativa de servir las Puys, con pétalos de cebolla braseadas y condimentadas con aceite de trufa. También usamos un puré fino de lentejas para espesar sopas y salsas *velouté*, aunque oscurece un tanto el color. Si no puede conseguir lentejas de Puy, las lentejas más grandes y verdosas que vienen de Canadá son un buen sustituto.

Abrir un ostión definitivamente tiene su arte, ¡y una vez que lo domina lo debe afinar con mucha práctica! (Las otras dos señales de un buen chef son filetear un robalo y limpiar una alcachofa). Nunca debe intentar abrir un ostión de un lado; debe hacerse por medio de la bisagra que tiene arriba. Envuelva su mano en varias capas de trapo grueso de cocina y sostenga el ostión con la concha plana volteada hacia arriba. Tome un cuchillo corto con buen filo (el clásico cuchillo abre ostiones, si es

posible) e introdúzcalo firmemente, más no de forma violenta, del lado de la bisagra. Muévalo un poquito de lado a lado, y deberá sentir que 'cede' cuando corte el músculo de la bisagra. Empuje la punta del cuchillo hacia adentro un poco más y gire para levantar la concha. Adentro está el ostión y el jugo. Asegúrese de guardar el jugo. Deslice el cuchillo bajo el ostión para liberar el músculo, y eso es todo. Un buen abridor de ostiones no deja pedacitos de concha adentro, aunque al novato se le puede perdonar el pedacito ocasional. La esencia de abrir no es la velocidad, sino el cuidado. Si alguna vez cocinamos ostiones, sólo los escalfamos en su propio jugo con un poco de *nage* y un par de anises estrella enteros. Los sabores ahumados y aromáticos se combinan sublimemente. Los ostiones de nuestro país (o Belons) están en temporada en el invierno, pero son más complicados de abrir que los ostiones del Pacífico de concha escarpada, que además se ven más con más frecuencia.

Hay muchos pescados que se asocian más con el invierno que con los días de calor. Uno de los primeros que viene en mente es el bacalao. Quizás sea porque se asa y se sirve con un cremoso puré, pero es la comida más reconfortante que hay. Asocio el bacalao con el invierno porque es cuando solía ir a pescar con línea en una playa en el oeste de Escocia con mi papá. Creo que participábamos en los campeonatos de pesca organizados por el whisky White Horse. En fin, aunque siempre es una gran sensación atrapar un pescado grande, desde el punto de vista de la cocina, cualquier pescado que pese más de 5 kilos se desmoronará demasiado como para que los pedazos queden unidos en la cazuela. Simplemente son demasiado carnosos, aunque el sabor sigue siendo fantástico. En cambio, en la cocina nos gusta cocinar bacalao más pequeño, entre 1.5 y 2 kilos de tamaño. Una vez que se filetea, la mejor forma de cocinar el bacalao es con la piel hacia abajo en un sartén realmente caliente, para que quede

bien crujiente. Después sirva con un puré de manzana y ajo o una vinagreta de lentejas de Puy. (Por cierto, cuando cocine la piel del bacalao, revise que se hayan frotado las escamas pequeñas y finas hasta desaparecer, ya que no siempre es el caso).

Hoy en día, en los restaurantes de calidad el rémol se está volviendo tan popular como el rodaballo. Es un pescado fuerte, así que va bien con una marinada de vino tinto y salsas de buen cuerpo hechas con caldo de pollo o ternera, pero sigue reteniendo una consistencia fina y tierna al comerlo. El rémol casi siempre es más grande que el rodaballo, pero cuando es muy pequeño es difícil distinguirlos. Si compra el pescado entero, voltéelo de cabeza y busque los 'ostiones' (kokotxas) junto a la mandíbula. Córtelos con un cuchillo filoso y fríalos al sartén como si fueran callos de hacha; son un buen lujo de cocinero, o una guarnición si se llegara a sentir generoso y quisiera compartirlos. Las espinas de rémol hacen un maravilloso caldo de pescado porque son bastante gelatinosas. Primero ase las espinas, como lo haría con los huesos de carne, y después cocine en un caldo de vino tinto con tiras de tocino ahumado.

Las carnes rojas son para los platillos invernales, y cada vez vemos a más gente dispuesta a probar el venado. Nuestro venado viene de un rancho en Aberdeenshire, donde permiten que se paseen casi por donde quieran, así que son virtualmente 'de rancho'. La carne se cuelga de 2 a 3 semanas. Después de destazarlo lo marinamos una semana en un aceite neutral, como el de cacahuate, con bayas de enebro (endrinas) machacadas y romero fresco. Esto abre las fibras musculares y hace que la carne quede realmente tierna. A veces asamos los lomos y los servimos con rodajas de betabel fresco cocinado estilo fondant, en un poco de caldo. Otra forma favorita de servirlo es con una guarnición de col, nabo y zanahoria, picada y braseada y después ligada con un poco de crema. Las rebanadas de venado al punto se colocan encima y bañan con una salsa de vino tinto enriquecida con chocolate oscuro. El sabor siempre intriga a los comensales. Unas cuantas frambuesas frescas encima completan una elegante presentación.

El cerdo no aparece mucho en mis menús, pero me parece una carne perfecta para servir horneada en casa durante los días de invierno. Lo amo con col sazonada con unas cuantas vainas de cardamomo. Si consigue un carnicero que todavía destace todo él solo, pídale un filete entero del lomito, el equivalente porcino a un ribeye de res. El uso principal que le damos a este animal son las manitas de cerdo. Mi restaurante queda en donde antes estaba el famoso Tante Claire de Pierre Koffman. Como alguna vez fui el chef principal de Pierre, es un honor importante para mí. La genialidad de Pierre le dio a Londres muchos grandes platillos, pero quizás sus más famosos fueron los pieds de cochon, o manitas de cerdo rellenas. Su relleno más reconocido estaba hecho de mollejas y colmenillas. Mi receta para las manitas de cerdo (la puede encontrar en la página 199) es en realidad una versión elegante del huevo con tocino. Lo sirvo como un amuse-gueule. Las manitas son muy gelatinosas, y el espeso líquido braseado y repleto de sabor es un favorito para el almuerzo del staff.

Otra extremidad animal que es buenísima para comer es el rabo de buey. Después de la innecesaria prohibición (por lo menos en mi opinión) de la carne de res con hueso, hoy podemos volver a colocar a este clásico guisado a su puesto de honor en nuestros menús invernales. Estofamos el rabo de buey suavemente en vino tinto con tubérculos, caldo y un toque de especias. Cuando la carne esté muy tierna, se deshebra y envuelve en una bola con crépine fino o se acomoda en una terrina para servir con rebanadas de ensalada de lentejas en vinagreta de mostaza. Los carniceros venden los rabos de buey en conjunto, con las vértebras cortadas en discos parejos y atadas con hilo. Para servirlas de forma más sencilla, simplemente puede cocinarlas como un típico estofado espeso de res, pero busque el tiempo para quitar la carne del hueso antes de servir.

Hay dos frutas que a mi gusto iluminan los largos días de invierno (no que veamos mucha luz del día en nuestra cocina): las piñas y los cítricos. Las piñas grandes y dulces vienen de los trópicos y aguantan bien los viajes. Puede revisar si están maduras jalando una de las hojas verdes que tiene arriba; sólo un jaloncito debe bastar. Usamos la piña para las tarte Tatins, compotas y sorbetes y para hacer tuiles increíbles. Para un postre ligero, combine la pulpa con una salsa de caramelo y encima ponga un yogurt cremoso con virutas de una granita de fruta.

Las naranjas, limas y limones son las frutas que más asociamos con el invierno, cosa rara pues no crecen en nuestro clima frío. Pero sí viajan bien y se almacenan bien, y definitivamente agradecemos tenerlas. Las naranja sanguina y la toronja rosa son dos cítricos que me gusta poner en el menú cuando entran en temporada: las naranjas sanguinas tienen un color intenso y un sabor sorprendente y la toronja rosa se deshace en hermosas lágrimas. Mezclamos éstas en una vinagreta y las servimos con una ensalada tibia de salmonete o langosta escocesa escalfada con cilantro fresco.

Uno de nuestros postres más refrescantes es una terrina de cítricos rebanados con un sorbete de punzante limón amarillo. También remojamos rebanadas de limón amarillo en almíbar para hacer un confit dulce y las presionamos sobre filetes de pescado o mollejas antes de asarlos en charolas y servirlos con cuscús sazonado con harissa. Se puede hacer lo mismo con rebanadas de limón verde, cocinadas con pechugas de pichón. Los limones también se asoman con su sabor ácido en el guacamole y en jarabes de miel para escalfar todo tipo de frutas.

Velouté de coliflor con *brunoise* de vieiras

Esta crema ligera tiene una consistencia aterciopelada creada al cocinar pequeñas pellas de coli-flor en leche. Para terminar, agregue vieiras frescas picadas en cubitos muy finos; se cocinan casi al instante en el líquido caliente. Esta sopa luce mejor servida en elegantes tacitas de té.

4 PORCIONES COMO ENTRADA

1 coliflor mediana

15 gramos de mantequilla

250 mililitros leche

200 mililitros de Caldo Ligero de Pollo (página 212) o Caldo de Pescado (página 212)

100 mililitros de crema para batir

4 vieiras medianas, sin sus conchas y sin corales

Pequeñas pizcas de pimienta de cayena

Sal marina y pimienta negra recién molida

1 Corte la coliflor en pellas. Deseche los tallos (o resérvelos para otro uso). Caliente la mantequi-lla en una cazuela, agregue las pellas y hágalas sudar suavemente 10 minutos, removiendo oca-sionalmente.

2 Vierta la leche y salpimiente. Siga cociendo suavemente por 5 minutos, después agregue el caldo. Vuelva a hervir a fuego lento, cubriendo la cazuela parcialmente, y cocine hasta que las pellas estén muy suaves, como 15 minutos. Deberá poder presionarlas suavemente contra la ori-lla de la cazuela para aplastarlas. No hay necesidad de licuarlas en un procesador.

3 Agregue la crema y cocine por unos minutos más. Revise la sal y pimienta.

4 Ahora corte las vieiras en cubitos (lo que los chefs llaman una *brunoise*). Divida entre cuatro tazones pequeños o tacitas de té. Salpimiente y espolvoree con pequeñas pizcas de cayena.

5 Vuelva a hacer hervir la sopa y vierta sobre las vieiras. No lo mezcle: ¡las vieiras deben ser una sorpresa! Coma de inmediato.

Sopa cremosa de papa con chantilly de perejil

La preparación de esta sopa es ligeramente distinta a la tradicional receta que reza: 'Sude las verduras, agregue caldo y licue hasta obtener un puré'. Para empezar, en lugar de hervir las papas, hay que asarlas. Es importante la variedad de papa: recomiendo la Ratte de color dorado y buen sabor porque, a pesar de su textura cérea, tiene mucho almidón. Si no las tiene, basta con una Desirée o King Edward. Yo uso un caldo oscuro de pollo para darle un sabor más campestre a la sopa, y dejo flotar encima impresionantes cucharaditas de crema batida y perejil. **4 PORCIONES**

Alrededor de 50 gramos de ramitos de perejil rizado (sin los tallos)

3 dientes de ajo

Un poco de sal de roca, para hornear

300 gramos de papas Ratte, lavadas

1 echalote, picado finamente

1 cucharada de aceite de oliva

1 ramito de tomillo fresco

500 mililitros de Caldo Oscuro de Pollo (página 212)

100 mililitros de crema para batir

Sal marina y pimienta negra recién molida

1 Blanquee los ramitos de perejil en agua hirviendo por 2 minutos, después cuele y refresque bajo agua corriente fría. Cuele otra vez y coloque en una toalla de cocina limpia. Exprima bien la toalla para extraer el líquido. Licue el perejil en un procesador de alimentos o, si no tiene uno que pueda manejar cantidades tan pequeñas, pique el perejil finamente. Reserve.

2 Blanquee el ajo cubierto de agua hirviendo por 30 segundos. Cuele y vuelva a blanquear, y si lo puede soportar, repítalo una tercera vez. Esto ayuda a quitarle la acrimonia al ajo, pero conserva el sabor. Cuele y prense el ajo.

3 Caliente el horno a 180ºC. Espolvoree el fondo de una bandeja para hornear pequeña con sal marina y ruede las papas mojadas en ella. Hornee por 45 minutos hasta que la pulpa se sienta suave al atravesarla con un cuchillo filoso. Enfríe hasta que se puedan tomar cómodamente en la mano. (Nosotros usamos guantes de hule para la siguiente etapa). Pele las papas calientes, después con una cuchara pase por un colador o use un pasapurés. Reserve.

4 Saltee el echalote en el aceite con el tomillo por 5 minutos hasta que esté suave. Agregue la papa y el ajo prensado y cocine por un minuto o dos. Gradualmente agregue el caldo como lo haría al preparar *risotto*. Esto ayuda a mantener homogénea y aterciopelada la consistencia de la sopa. Salpimiente y haga hervir. Está lista la sopa.

5 Ahora el chantilly de perejil: bata la crema hasta que forme picos, salpimiente e incorpore el puré de perejil.

6 Sirva la sopa en tazones con la crema encima en pequeñas cucharadas o en *quenelles* más formales.

Sopa de hinojo
con almejas pequeñas

Es cada vez más fácil comprar almejitas frescas en las pescaderías gourmet. Cocínelas como haría con los mejillones, hasta que las conchas se abran, y después puede sacar la carne. Guarde el jugo para la sopa, pues le da más sabor. **4 PORCIONES COMO ENTRADA**

250 gramos de almejas pequeñas

100 mililitros de vino blanco seco

1 ramito de tomillo fresco

1 hoja de laurel

4 bulbos medianos de hinojo

15 gramos de mantequilla

1 cucharada de aceite de oliva

1 cebolla, picada

4 hojas de albahaca fresca, picada

2 cucharadas de Pernod

1 litro de Caldo de Pescado (página 212)

200 mililitros de crema para batir

Sal marina y pimienta negra recién molida

Aceite de curry (opcional)

3 cucharadas de aceite de oliva

1 cucharadita de polvo de curry suave

1 Primero cocine las almejas. Caliente muy bien una cazuela vacía y después añada las almejas, vino, tomillo y hoja de laurel. Tape y cocine por unos 5 minutos. Deseche cualquier almeja que no abra. Cuele el jugo y reserve. Saque la carne de las conchas y reserve.

2 Corte la base de los bulbos de hinojo y deseche, después separe los segmentos. Corte a lo largo en rebanadas delgadas para obtener una juliana fina.

3 Caliente la mantequilla y el aceite en una cazuela grande y saltee las tiras de hinojo y cebolla por unos 10 minutos, removiendo ocasionalmente, hasta que se suavicen. Agregue la albahaca picada y siga cocinando por 2 minutos. Desglase con el Pernod y cocine por 1 minuto, después vierta el caldo de pescado y jugo de almeja. Haga hervir, salpimiente bien y hierva a fuego lento por 15 minutos.

4 Mientras tanto, para la guarnición opcional de curry, caliente el aceite con los polvos de curry, removiendo. Cuando esté chisporroteando, quite del fuego y reserve.

5 Pase la sopa por un cernidor bastante abierto o por un colador, para conservar un poco de la textura. Regrese a la cazuela, agregue la crema y revise la sal y pimienta. Vuelva a hervir.

6 Divida las almejas entre cuatro tazones calientes y con un cucharón sirva encima la sopa recién hervida. Esto será suficiente como para recalentar las almejas cocinadas. Rocíe encima el aceite de curry, si lo piensa usar, y sirva de inmediato.

Abadejo ahumado y crema de almejas a la mostaza

En Escocia le dicen Cullen Skink *a esta sopa espesa de abadejo y papa, pero yo le digo crema de almejas para que sepan qué esperar. Asegúrese de usar abadejo ahumado natural y sin colorante. Mi preparación francesa me tentó a poner un poco de mostaza francesa gruesa, para celebrar la Vieja Alianza. Para una guarnición elegante, hierva 4 huevos de codorniz por 2 ½ minutos, después pele y corte a la mitad. Coloque en la sopa justo antes de servir.* **4 PORCIONES COMO ENTRADA**

1 filete grande de abadejo Finnan sin colorante, de 400 a 500 gramos
500 mililitros de leche
2 papas céreas grandes (como Desirée), de unos 300 gramos cada una
2 cucharadas de aceite de oliva
1 echalote grande, picado
100 mililitros de vino blanco seco
500 mililitros de Caldo de Pescado (página 212)
90 mililitros de crema para batir
1 cucharada copeada de mostaza gruesa
Sal marina y pimienta negra recién molida

1 Corte el filete de abadejo en dos o tres pedazos, para que quepa en una cazuela grande. Haga hervir la leche en la cazuela, después deslice adentro el filete de abadejo. Quite la cazuela del fuego y reserve por unos 10 minutos. Para entonces el pescado se sentirá firme al presionarlo.
2 Saque el pescado; después cuele la leche y reserve. Quite la piel del pescado y desmenuce la carne mientras todavía está tibia. Reserve.
3 Pele las papas y corte en pequeños cubitos. Caliente el aceite y saltee las papas con el echalote por unos 10 minutos, mezclando ocasionalmente, hasta que estén ligeramente doradas. Agregue el vino y cocine hasta reducir por completo, después vierta el caldo y la leche reservada. Salpimiente y haga hervir, removiendo una o dos veces. Hierva a fuego lento por 15 minutos hasta que las papas se sientan tiernas.
4 Licue la mezcla hasta que esté homogénea, o hágalo en la cazuela con una licuadora de mano, o decante en un procesador de alimentos o licuadora.
5 Regrese a la cazuela, si es necesario, e incorpore la crema. Remueva rápidamente y añada la mostaza, revisando la sazón otra vez. Agregue gradualmente el abadejo desmenuzado, vuelva a calentar suavemente y sirva.

Sopa de col con conejo desmenuzado

Quizás no pensemos en sopa cuando escuchemos hablar de la col, pero sirve para un buen primer plato casero o para una comida ligera con trozos de pan crujiente. Primero necesita cocinar el conejo hasta que la carne se desbarate en tiernos trozos. Para mí, la mejor forma de cocinar las patas es haciéndolo lentamente en grasa de ganso. **4 PORCIONES COMO ENTRADA O PLATILLO LIGERO**

Unos 300 gramos de grasa de ganso
  (o una lata de 340 gramos)
2 patas de conejo, de unos 250 gramos cada una
1 pequeña col de Saboya
6 dientes grandes de ajo, pelados
40 gramos de mantequilla
1 cebolla mediana, picada
50 gramos de tocino ahumado, picado
1 litro de Caldo Oscuro de Pollo (página 212)
Sal marina y pimienta negra recién molida

1 Haga hervir la grasa de ganso en una cazuela, después coloque dentro las patas de conejo. Baje el fuego lo más que pueda y confite el conejo de 30 a 40 minutos hasta que la carne se separe fácilmente del hueso.

2 Saque las patas de conejo de la grasa y déles palmaditas con una toalla de papel para secarlas. Caliente bien la parrilla y después dore la carne por todos lados. Enfríe, después separe la carne del hueso y desmenuce. Reserve.

3 Corte la col en cuartos, quite el centro y pique finamente las hojas. Blanquee el ajo tres veces en agua hirviendo, cambiando el agua cada vez, para quitar la acrimonia. Prense los ajos con un tenedor.

4 Derrita la mantequilla en una cazuela grande y suavemente saltee la cebolla, tocino y ajo por unos 5 minutos. Agregue la col y cocine por otros 5 minutos hasta que se marchite. Vierta dentro el caldo y haga hervir, después salpimiente. Hierva a fuego lento por 10 minutos.

5 Agregue el conejo removiendo y hierva fuego lento por 5 a 10 minutos más. (Si tiene a la mano unas lentejas de Puy o frijoles cocidos, puede agregar uno o dos puñados con el conejo). Sirva como está, con pan.

Sopa de poro aromatizada con azafrán y duraznillos en escabeche

Esta receta para una sopa favorita –la de poro y papa– tiene dos giros sofisticados: primero, las verduras se cocinan con azafrán machacado; y después, la sopa se sirve con unos duraznillos en escabeche, hechos en casa. **4 PORCIONES COMO ENTRADA**

40 gramos de mantequilla

1 cucharada de aceite de oliva

1 papa grande (como Desirée), como de 300 gramos, pelada y picada en cubos

1 poro grande (sólo la parte blanca y la color verde pálido), picado en cubos

1 cebolla mediana, picada

100 mililitros de vino blanco seco

2 pizcas generosas de hebras de azafrán, machacadas

1 litro de Caldo Ligero de Pollo (página 212)

90 mililitros de crema para batir

Unas 4 cucharadas copeadas de Duraznillos en Escabeche (página 213)

Sal marina y pimienta negra recién molida

1 Caliente la mantequilla y el aceite en una cazuela grande y agregue la papa, poro y cebolla. Mezcle bien y saltee suavemente por unos 5 minutos hasta que se suavicen. Agregue el vino y hierva hasta reducir por completo, después agregue el azafrán machacado y cocine por unos segundos más. Vierta dentro el caldo, haga hervir y salpimiente. Hierva a fuego lento de 12 a 15 minutos hasta que se suavicen las verduras.

2 Licue en un procesador de alimentos o licuadora hasta que esté homogéneo, después pase por un colador a una cazuela limpia, frotando con la parte de atrás de un cucharón. Haga hervir y después agregue la crema, removiendo. Revise la sazón otra vez.

3 Con una cuchara, sirva los duraznillos en escabeche en el centro de cuatro tazones calientes y vierta encima la sopa hirviendo. Sirva caliente.

Caldo de pollo Thai

Casi todos amamos el caldo de pollo porque nos calienta, es sano y muy sabroso. Adoro los sabores de la cocina tailandesa y me encanta experimentar con los ingredientes, que son cada vez más fáciles de encontrar. Funcionan bien en un caldo de pollo. Para esta sopa necesita un caldo brillante y transparente, así que siga mis consejos. **4 PORCIONES COMO ENTRADA**

1 litro de Caldo Ligero de Pollo (página 212)

2 tallos de té de limón fresco, picado

1 pimiento rojo, 1 amarillo y 1 verde, picados finamente

1 chile rojo fresco y regordete, sin semillas y picado finamente

3 cucharadas de aceite de oliva o cacahuate

4 pak choi *baby*

2 pechugas de pollo sin piel y sin hueso, de unos 100 gramos cada una, picadas en cubos pequeños

¼ de cucharadita de polvo de curry ligero

Una pizca generosa de pimienta de cayena o chile en polvo

2 cucharadas de crema de coco

Hojas de un ramito de albahaca fresca (idealmente la albahaca tailandesa, pero la italiana está bien)

Sal marina y pimienta negra recién molida

1 Ate el té de limón en una bolsita de manta de cielo (o use un trapo desechable de cocina limpio). En una cazuela grande, saltee ligeramente los pimientos picados, el chile fresco y la bolsa de té de limón en la mitad del aceite por unos 5 minutos, removiendo ocasionalmente. Agregue el pak choi y siga cocinando por 2 minutos hasta que se marchite. Reserve.

2 Caliente el aceite sobrante en un sartén antiadherente limpio y fría rápidamente el pollo en cubos con el polvo de curry y polvo de cayena o de chile, hasta que esté firme y de un hermoso color café dorado, unos 5 minutos. Quite del fuego y enfríe en una toalla de papel.

3 Agregue el pollo a los pimientos y chile. Agregue la crema de coco y el caldo. Haga hervir y revise la sazón, después despedace la albahaca y añádala. Saque la bolsa de té de limón al último momento.

4 Sirva caliente, en tazones calientes, asegurándose que a cada invitado le toque un pak choi.

Nota: Aquí hay unos consejos útiles para hacer un caldo transparente. Antes de comenzar, asegúrese de que las carcasas del pollo estén bien limpias y no tengan puntos de sangre; es mejor enjuagarlas bajo la llave de agua fría. Haga hervir a fuego lento y no a todo vapor y, cuando esté cocinada, deje que repose por lo menos durante 15 minutos para que los sólidos se asienten en el fondo de la cazuela. Luego, suavemente vierta por un colador forrado con manta del cielo, dejando atrás los sólidos y 'residuos'.

Ensalada de *foie gras*, ejotes y alcachofas

El foie gras *fresco –un lóbulo color rosa pálido— queda mejor cocinado muy suave y ligeramente en grasa de ganso, un proceso que los franceses llaman 'confit'. Usamos* foie gras *de pato y lo servimos frío como entrada, con una ensalada crujiente aderezada con vinagreta de crema de trufa. Tradicionalmente viene acompañado de* pain Poilâne, *pan agrio o brioche tostada. (Debo confesar que a veces he disfrutado la rebanada ocasional en pan tostado, enfrente de la televisión un sábado por la tarde. Es mi idea del paraíso: ¡foie gras y fútbol!) Sirva con una copa de exquisito Sauternes o un afrutado Dom Perignon.* **6 PORCIONES COMO ENTRADA**

1 lóbulo de *foie gras* fresco, de 400 a 450 gramos

2 latas de 340 gramos cada una
   de grasa de ganso

6 alcachofas globo medianas

Un chorrito de jugo de limón

150 gramos de ejotes verdes delgados,
   con los extremos cortados

Sal marina y pimienta negra recién molida

Vinagreta

1 cucharada de vinagre de jerez

80 mililitros de aceite de cacahuate

1 cucharada de aceite de oliva extra virgen

1 cucharada de aceite de trufa

2 cucharadas de crema para batir

1 cucharadita de trufa finamente picada o rallada

½ cucharadita de sal marina

1 Prepare el *foie gras* (vea la página 86). Salpimiente los interiores y vuelva a moldearlo, presionándolo para juntarlo.

2 Caliente un sartén antiadherente grande y, cuando se caliente, agregue el *foie gras*, presionándolo bien. Selle y dore rápidamente, por completo. (Puede ser un poco resbaloso para voltear. Sus manos son la mejor opción, pero envuélvalas en un trapo de cocina limpio para no quemarse los dedos). No dore el exterior demasiado, sólo unos cuantos segundos, o encontrará que el *foie gras* desaparece ante sus ojos. Quítelo del sartén. (Saldrá mucha grasa del *foie gras*, que no hay que desechar. Cuélela y úsela para freír huevos o setas).

3 Caliente la grasa de ganso en un sartén profundo en el que apenas quepa el lóbulo de *foie gras*. Con un termómetro de azúcar, mantenga el calor de la grasa a sólo 54ºC (es la temperatura para hacer yogurt). Puede serle útil un difusor de calor metálico.

4 Deslice el *foie gras* dentro de la grasa, asegurándose de sumergirlo por completo, y confite por 5 minutos a la menor temperatura posible. Saque y coloque en una rejilla de metal; escurra y deje enfriar por 20 minutos. Después envuelva muy bien con doble capa de película autoadherible y refrigere. Puede guardarse en el refrigerador hasta 4 días; el *foie gras* madura mientras se almacena.

5 Bata los ingredientes de la vinagreta. (Ésta prepara 150 mililitros, así que lo que no se use en la ensalada se puede guardar en un tarro grande con taparrosca en el refrigerador).

6 Corte los tallos de las alcachofas, saque las hojas y con una cuchara remueva el centro de pelusa (vea la foto de esta técnica en la página 216). Corte el corazón carnoso en tiras. Cocine en agua hirviendo con el jugo de limón por 2 minutos. Escurra y seque con palmaditas. Blanquee los ejotes en agua salada hirviendo por 2 minutos, después escurra y refresque bajo agua fría corriente.

7 Salpimiente los ejotes y las alcachofas y aderece con 3 a 4 cucharadas de la vinagreta de crema de trufa. Divida entre cuatro platos. Cubra con tajadas finas de *foie gras*, cortadas en rebanadas delgadas con un cuchillo filoso remojado en agua caliente.

Pâté de bacalao salado con aderezo de jitomate cherry

El bacalao salado es un ingrediente popular en muchas partes del mundo, desde el Mediterráneo hasta las Antillas (por razones históricas). Salar la carne del bacalao concentra el sabor y vuelve más firme la consistencia. Españoles, portugueses y franceses tienen recetas maravillosas para bacalao salado desmenuzado con puré de papa, moldeando la mezcla en buñuelos o brandades*. El bacalao salado se puede comprar de varios grados y fuerzas, pero es fácil de preparar, usted solo y únicamente requiere 24 horas de salado antes. Así que comencemos por ahí. Por cierto, el bacalao seco recién hecho tiene muchos otros usos, así que considere preparar el doble. Una vez que lo escalfa ligeramente y lo desmenuza, lo puede usar en croquetas de pescado o servirlo con una salsa de crema de perejil. El pâté es un gran platillo para las fiestas, y el aderezo de jitomate cherry se puede usar también como un dip ligero para* crudités *y* croûtes *cortadas de* ficelles *(pequeñas baguetes).* 4 PORCIONES COMO ENTRADA

300 gramos de filete de bacalao

60 gramos de hojuelas de sal marina

Unas ramitas de perejil fresco, retorcido

2 pizcas generosas de polvo curry

1 cucharada de aceite de oliva

1 papa cérea mediana (como la Maris Piper), pelada y cortada en cubitos

300 mililitros de leche

1 diente grueso de ajo, prensado

1 cucharada de perejil fresco picado

100 mililitros de crema de batir

Sal marina y pimienta negra recién molida

Aderezo

200 gramos de jitomates cherry madurados naturalmente

½ cucharadita de azúcar blanca finísima

100 mililitros de aceite de cacahuate o de oliva, y un poco más para rociar

1 cucharada de mostaza de Dijon

1 Coloque el bacalao en un recipiente no muy profundo y espolvoree encima la sal y las ramitas de perejil. Cubra el pescado con película autoadherible, después presione un plato pesado encima. Refrigere por 24 horas, volteando una vez, momento en el que ya verá que el líquido sale y el pescado está más firme.

2 Escurra, enjuague en agua fría y seque con palmaditas. Deseche los tallos de perejil. En este momento, el filete de bacalao debería de pesar unos 200 gramos.

3 Corte el bacalao en trozos grandes y espolvoree con polvo curry. Caliente el aceite en un sartén antiadherente y saltee el bacalao hasta que esté bien dorado y bastante firme. Es mejor sobrecocerlo ligeramente. Escurra, enfríe y desmenuce. Reserve.

4 Cocine la papa en la leche con el ajo prensado y la sal y pimienta. Escurra bien, reservando parte de la leche. Licue hasta obtener un puré en un procesador de alimentos (¡es una de las pocas veces que permito esto!). Si la mezcla está muy espesa, añada chorritos de la leche reservada.

5 Enfríe la papa, después agregue el bacalao desmenuzado y el perejil. Bata la crema hasta que forme picos suaves. Incorpore a la mezcla de bacalao. Revise la sazón. Enfríe la mezcla en un plato hongo si quisiera moldearlo en *quenelles*, o simplemente presione en moldecitos para hornear (*ramekins*) y marque la parte de arriba con la punta de un cuchillo o los dientes de un tenedor.

6 Para el aderezo, licue los jitomates en un procesador de alimentos hasta obtener un puré. Pase el puré por un colador a un recipiente, frotando con la base de un cucharón. Agregue el azúcar, aceite, mostaza, sal y pimienta, removiendo. Eso es todo. No hay necesidad de agregar vinagre, pues los jitomates son lo suficientemente ácidos. (Esto prepara 200 mililitros, lo que deja bastante aderezo extra para servir con *crudités*).

7 Si sirve el *pâté* en tazones o *ramekins*, puede hacer un hueco en el centro y rellenar con un poco del aderezo de jitomate fresco, o agregue un chorrito encima con un poco de aceite de oliva adicional. Otra sugerencia es extender el *pâté* en una capa espesa sobre *croûtes*, espolvorear con parmesano recién rallado y gratinar hasta que esté ligeramente dorado.

Mariscos en *nage* con espagueti de zanahoria

Ésta es mi versión de un plat de fruits de mer: *una gloriosa colección de mariscos favoritos servidos con un caldo de verduras ligero y aromático perfumado con anís estrella. Se sirve con un delgado 'espagueti' de zanahorias, que se puede hacer con un pelador muy filoso o una cuchilla del procesador de alimentos.* **4 PORCIONES COMO PLATO PRINCIPAL**

2 zanahorias

70 gramos de mantequilla

500 mililitros de *Nage* de Verduras (página 212), más tres cucharadas

3 anises estrella

150 gramos de almejas pequeñas en sus conchas

3 cucharadas de vino blanco seco

8 ostiones de roca

4 vieiras grandes, sin las conchas y sin los corales

2 cucharadas de crema para batir

Un buen chorrito de limón

1 cucharada copeada de albahaca fresca despedazada

Sal marina y pimienta negra recién molida

1 Primero corte las zanahorias en 'espaguetis' largos y delgados usando un pelador, una mandolina japonesa o la cuchilla equivalente en un procesador de alimentos. Haga hervir la mantequilla y 3 cucharadas del *nage*. Agregue el espagueti de zanahoria, salpimiente y tape. Cocine por 1 minuto y después reserve.

2 Caliente el resto del *nage* hasta que hierva. Agregue el anís estrella, después quite del fuego y deje macerar por 10 minutos. Deseche el anís.

3 Caliente bien una cazuela grande y después agregue las almejas y el vino. Tape y cocine de 3 a 5 minutos, moviendo la cazuela de vez en cuando, hasta que las conchas se abran. Deseche cualquier almeja cuyas conchas queden completamente cerradas. Saque la carne de las conchas y reserve. Cuele y reserve el jugo.

4 Abra los ostiones, reservando el jugo (si el pescadero lo hace, asegúrese de pedirle que conserve el jugo). Corte cada vieira horizontalmente en tres.

5 Caliente el *nage* otra vez y coloque adentro las rebanadas de vieira. Caliente para que hierva a fuego muy lento, después agregue los ostiones y cocine por 1 minuto. Finalmente, añada las almejas sin concha. También añada los jugos reservados. Revise la sazón y agregue la crema, jugo de limón y albahaca, removiendo.

6 Tan pronto como todo esté caliente, divida los mariscos entre cuatro tazones y con un cucharón sirva encima el caldo caliente. Cubra con el espagueti de zanahoria y sirva.

Rémol en vino tinto con *beurre rouge*

Puede resultarle extraño cocinar pescado blanco en vino tinto, pero funciona muy bien y se ve muy atractivo cuando corta el filete. La salsa, llamada beurre rouge, *se prepara reduciendo el licor y batiéndolo con la mantequilla. Las guarniciones de verdura incluyen un puré de papa, cebollas* grelot *(o echalotes* baby*) glaseadas con mantequilla, y salsifí.* **4 PORCIONES COMO PLATILLO PRINCIPAL**

500 gramos de papas (como las Desirée)

5 cucharadas de crema para batir

150 gramos de mantequilla, más otro buen trozo

150 gramos de salsifí

Un chorro generoso de jugo de limón

3 cucharadas de aceite de oliva

12 cebollas *grelot*, peladas

1 echalote grande, finamente picado

500 mililitros de vino tinto

500 mililitros de Caldo de Pescado (página 212)

4 filetes de rémol, como de 150 gramos cada uno

1 cucharada de perejil fresco picado

Sal marina y pimienta negra recién molida

1 Cocine las papas con la piel en agua salada hirviendo de 12 a 15 minutos hasta que estén tiernas, después escurra. Pele mientras están calientes (use guantes de hule), después machaque o pase por un pasapurés y vuelva a poner en la cazuela. Caliente por uno o dos minutos, después bata con 3 cucharadas de la crema y 25 gramos de la mantequilla hasta que esté espeso y cremoso. Salpimiente y reserve.

2 Pele el salsifí con un pelador, luego vuelva a enjuagar y rebane diagonalmente en delgados *bâtons*. Blanquee en agua hirviendo con el jugo de limón por 2 minutos, después escurra y enfríe.

3 Caliente 2 cucharadas del aceite y, cuando esté bien caliente, saltee las cebollas por unos 5 minutos, volteando con frecuencia. Seque el salsifí con palmaditas, después agregue a la cazuela con el trozo de mantequilla. Cocine por unos cuantos minutos más hasta que tenga buen color. Reserve y mantenga caliente.

4 Caliente el aceite restante en una cazuela mediana y suavemente saltee el echalote por 5 minutos. Vierta dentro el vino y el caldo, y haga hervir a fuego lento.

5 Recorte los filetes de rémol para que queden uniformes y salpimiéntelos. Introduzca en el líquido caliente. Escalfe el pescado de 3 a 4 minutos hasta que esté tierno. No cocine de más. Saque el pescado con una paleta para pescado y mantenga caliente.

6 Cuele el licor de pescado por un cernidor fino, después devuelva a la cazuela. Hierva rápidamente hasta reducir por dos tercios, después agregue la crema restante, removiendo, y un poco de sal y pimienta. Vuelva a hacer hervir suavemente y luego, a fuego lento, bata la mantequilla sobrante, cortada en pequeños cubos y agregándolos uno o dos a la vez. La salsa se volverá ligeramente más espesa y brillante. Observe con cuidado que no se 'divida'.

7 Vuelva a calentar el puré de papas y divida entre cuatro platos calientes. Coloque un filete de rémol sobre el puré y monte las verduras glaseadas alrededor. Bañe de *beurre rouge*, espolvoree con perejil y sirva.

Bacalao con papas crujientes y lentejas a la mostaza

El pescado, las papas y las legumbres son compañeros naturales; piense en el fish and chips *con chícharos machacados. Ésta es una versión más sofisticada que utiliza las céreas papas Belle Fontaine y delicadas lentejas de Puy. Un estupendo platillo principal ligero para el invierno.* **4 PORCIONES COMO PLATILLO PRINCIPAL**

400 gramos de papas Belle Fontaine
    de tamaño uniforme, bien talladas
4 cucharadas de aceite de oliva
4 filetes de bacalao, de unos 125 gramos
    cada uno, con piel
100 gramos de lentejas de Puy
1 zanahoria
½ cebolla pequeña
1 tallo pequeño de apio

15 gramos de mantequilla
1 echalote, finamente picado
1 cucharada de alcaparras, enjuagadas y
    secadas con palmaditas
2 cucharadas de Vinagreta Clásica (página
    213), mezcladas con una cucharadita de
    mostaza de Dijon
1 cucharada de cebollín fresco picado
Sal marina y pimienta negra recién molida

1 Cocine las papas en agua salada hirviendo por unos 12 minutos hasta que estén tiernas. Escurra y enfríe hasta que pueda manipularlas; es mejor pelarlas calientes (nosotros usamos guantes de hule). Corte en cubitos parejos y revuelva rápidamente con 1 cucharada del aceite. Extienda sobre una charola, salpimiente y permita que las papas absorban el aceite conforme se vayan enfriando.

2 Ponga sal del lado del bacalao que tiene la piel, frotándola bien. Deje por media hora. Esto ayuda a secar la piel.

3 Coloque las lentejas en una cazuela con la zanahoria, cebolla y apio. Cubra con agua fría y haga hervir. Hierva a fuego lento por 15 minutos o hasta que estén cocidas. No cocine de más o las lentejas se desbaratarán. Escurra de inmediato y deseche las verduras. Extienda las lentejas en una charola, para que se enfríen. Esto evita que se sigan cociendo.

4 Cuando sea hora de cocinar, caliente 1 cucharada de aceite con la mantequilla en un sartén y suavemente saltee el echalote por unos 5 minutos. Saque el echalote y reserve. Agregue otra cucharada de aceite a la cazuela, súbale al fuego y vierta la papa picada adentro. Cocine hasta que esté bien dorada, volteando conforme sea necesario. Quite, combine con el echalote y alcaparras, y mantenga caliente.

5 Limpie la cazuela y caliente la última cucharada de aceite. Cuando esté caliente, agregue el pescado, con la piel hacia abajo. Cocine hasta que la piel quede bien crujiente (asegúrese de que no esté demasiado caliente, o se quemará la piel). Siempre cocino mi bacalao 90% del tiempo total del lado de la piel, y después lo volteo para dorar el otro lado ligeramente. El tiempo de cocina depende del grosor del filete, pero es de unos 5 minutos en total. Revise si el pescado está cocido presionando con la base de un tenedor. Debe quedar ligeramente elástica.

6 Vuelva a calentar las lentejas brevemente en una cazuela, salpimiente y agregue la vinagreta y el cebollín, removiendo. Coloque un filete de bacalao en cada uno de cuatro platos calientes, y con una cuchara sirva las lentejas y luego las papas. Sirva caliente.

Salmonetes *baby* con chucrut y ruibarbo

Se filetean pequeños salmonetes en forma de mariposa, y después se marinan y fríen en sartén. Se sirven en una ensalada que podría hacerle soltar un grito ahogado: chucrut con apio y ruibarbo aderezado con vinagreta de toronja rosa. ¡Hay que probarlo para creerlo! Lo acompañan bien papas nuevas de Cambray y espinacas blanqueadas. **4 PORCIONES COMO PLATILLO PRINCIPAL**

4 salmonetes pequeños, de unos
  200 gramos cada uno
3 cucharadas de aceite de oliva
2 pizcas de hebras de azafrán, machacadas
4 tallos de ruibarbo, recortado
4 tallos interiores de apio, recortados
100 gramos chucrut de bote,
  enjuagado en agua fría

150 mililitros de *Nage* de Verduras (página 212)
15 gramos de mantequilla
1 toronja rosa
5 cucharadas de Vinagreta Clásica (página 213)
Hojas de 2 ramitos de cilantro fresco, picado
Sal marina y pimienta negra recién molida

1 Corte las cabezas de los salmonetes y luego, con tijeras de cocina, corte a lo largo de la panza de cada pescado y limpie. Lave bien la cavidad bajo agua fría, frotando para quitar manchas de sangre. Coloque el pescado en una tabla y corte hasta la cola. Usando la punta de un cuchillo filoso para filetear, afloje la columna y las espinas más finas de la carne de ambos lados, después corte las espinas con cuidado de la piel y deseche. Lo que quiere hacer es filetear el pescado, pero manteniendo los dos lados juntos para que quede en forma de mariposa. (Vea fotos de esta técnica en la página 217).

2 Seque el pescado dándole palmaditas. Frote ambos lados con 1 cucharada del aceite de oliva. Machaque el azafrán sobre las pieles rosadas y frote. Refrigere sin cubrir por 2 horas.

3 Mientras tanto, prepare la ensalada de chucrut. Corte el ruibarbo y el apio en delgados *bâtons* de 4 centímetros de largo. Sude el chucrut en el resto del aceite por 3 minutos, después agregue el ruibarbo y el apio. Cocine por 2 minutos más. Vierta dentro el *nage* y sal y pimienta. Ponga puntitos de mantequilla y coloque un papel estrella encima. Baje el fuego hasta abajo y haga hervir a fuego muy lento por 10 minutos, cubriendo con los jugos una o dos veces.

4 Mientras tanto, pele la toronja, quitando toda la corteza blanca, y corte los segmentos de la membrana. Desmorone los segmentos de toronja en un recipiente con un tenedor, para formar 'lagrimitas' rosas. Mezcle con la vinagreta.

5 Quite el chucrut del fuego y añada la mitad de la vinagreta de toronja. Revise la sazón. Enfríe a temperatura ambiente, después agregue el cilantro.

6 Cuando sea hora de servir, caliente bien un sartén antiadherente grande y fría los salmonetes de 3 a 4 minutos del lado de la piel hasta que esté crujiente. Voltéelos cuidadosamente y cocine brevemente del otro lado. No cocine de más, ya que son pescados pequeños y delicados.

7 Divida la ensalada entre cuatro platos y coloque un hermoso pescado encima de cada uno. Glasee con el resto de la vinagreta de toronja y sirva.

Dorado con *ragoût* de *blette*

El dorado es un pescado que confunde, o más bien la variedad de nombres que se asocian con él. En francés se llaman daurade *y en inglés se conocen como* breams. *El* dorade royale *es el dorado —sólo una de sus muchas variedades. Es popular en muchos países mediterráneos y ahora hay criaderos que permiten que se pueda conseguir más, aunque el pescado salvaje todavía tiene más sabor y consistencia.* Blette *es el nombre que le dan los franceses a las acelgas. Los tallos y hojas se cocinan por separado y después se combinan en una salsa cremosa de mostaza en grano.* **4 PORCIONES COMO PLATILLO PRINCIPAL**

4 filetes de *dorade royale*, de unos 125 gramos cada uno, con piel

1 diente grueso de ajo, a la mitad

3 cucharadas de aceite de oliva

500 gramos de acelgas

El jugo de 1 limón

25 gramos de mantequilla

100 mililitros de Caldo Oscuro de Pollo (página 212)

100 mililitros de crema para batir

1 cucharada de mostaza de grano grueso Pommery

1 cucharadita de hojitas de tomillo fresco

Sal marina y pimienta negra recién molida

1 Frote la piel del pescado con el diente de ajo cortado, después barnice con la mitad del aceite de oliva. Reserve y marine en el refrigerador mientras prepara la acelga.

2 Lave bien la acelga y seque con palmaditas. Corte las hojas y rompa en pequeños pedazos tamaño mordida. Con un pelador, pele ligeramente los tallos, después córtelos en *bâtons* de 4 centímetros de largo. Mientras los va cortando, échelos en agua fría acidulada con el jugo de limón, para evitar que se pongan cafés. Cuando sea hora de cocinar, escurra y seque con palmaditas.

3 Sude los *bâtons* de acelga en la mantequilla de 4 a 5 minutos, después agregue el caldo y sal y pimienta. Cocine por otros 4 minutos, después añada la crema y mostaza. Mantenga calientes.

4 Mientras tanto, blanquee las hojas de acelga en un poco de agua salada hirviendo durante 2 minutos. Escurra, refresque bajo agua fría corriente y escurra bien otra vez. Añada, removiendo, al *ragoût* cremoso de *bâtons* de acelga y revise la sazón.

5 Cuando llegue la hora de servir, caliente un sartén grande antiadherente y agregue un chorrito de aceite si lo desea. Cocine los filetes de pescado con la piel hacia abajo de 3 a 4 minutos. Salpimiente la parte de arriba conforme se cocinan, espolvoree encima las hojas de tomillo y cubra una o dos veces con los jugos de la charola. Voltee los filetes con cuidado y cocine del otro lado por un minuto o hasta que el pescado esté cocinado. No cocine de más.

6 Con una cuchara vierta el *ragoût* en cuatro platos soperos no muy profundos y coloque un filete de pescado encima de cada uno. Sirva caliente.

Un guisado rápido de pichón

Los guisados no necesitan una cocción larga y lenta; éste en particular burbujea con verduras de invierno en cubitos en un caldo intenso de vino tinto y se sirve con pechuga de paloma torcaz frita en sartén. Esta ave no tiene mucha carne, así que sólo me molesto en preparar las pechugas, sirviendo dos por porción. **4 PORCIONES COMO PLATILLO PRINCIPAL**

4 palomas torcaces regordetas

Unos 150 gramos de salsifí

1 pequeño apio nabo

1 pequeño nabo sueco

2 nabos blancos medianos

4 cebollas rojas pequeñas u 8 *baby*, peladas

4 cucharadas de aceite de oliva

1 ramito de romero fresco

1 hoja de laurel

300 mililitros de vino tinto

1 cucharadita de puré
   concentrado de jitomate

1 cucharadita de aceite de trufa

1 litro de Caldo Oscuro de Pollo (página 212)

50 gramos de clavitos

Sal marina y pimienta negra recién molida

1 Corte las pechugas de las palomas, para que tenga dos pechugas por persona. Deseche las carcasas (o use para preparar caldo). Reserve.

2 Pele el salsifí, apio nabo, nabo sueco y nabo blanco y corte en cubos grandes. Si usa las cebollas pequeñas en lugar de las *baby*, corte cada una en dos. Caliente 1½ cucharaditas del aceite en una cazuela grande y vierta todas las verduras dentro, incluyendo las cebollas. También agregue las hierbas. Sude las verduras por unos 10 minutos para que tengan un buen color.

3 Mientras tanto, hierva el vino hasta reducirlo a unos 100 mililitros. Agregue el puré concentrado y el aceite de trufa a las verduras, removiendo, y después el vino, el caldo y un poco de la sal y pimienta. Hierva a fuego lento hasta que las verduras estén apenas tiernas, de 10 a 12 minutos. Las verduras deben haberse manchado con el vino y el líquido se debe haber reducido por completo.

4 Para las palomas, caliente 1½ cucharadas del aceite sobrante en un sartén grande. Salpimiente las pechugas y fría rápidamente, con la piel para abajo primero, por un total de 6 minutos. Las pechugas deben quedar ligeramente elásticas al presionarlas y todavía un poco rosas por dentro.

5 Mientras tanto, saltee rápidamente los clavitos en la cucharada sobrante de aceite.

6 Divida todas las verduras entre cuatro platos soperos calientes no muy profundos. Coloque las pechugas encima, salpimiente y sirva.

Becada con nabo blanco caramelizado y salsa de chocolate

Los aficionados consideran a las becadas como las más deliciosas de las aves de caza. Se cuelgan ligeramente, sólo por uno o dos días. De tamaño diminuto, con piel delicada, se cocinan rápidamente. El método tradicional es cocinarlas con las cabezas metidas bajo las alas y con las vísceras intactas. Me gusta cocinar la becada en dos etapas y luego servirlas con bâtons *gruesos de nabo blanco cocinado en un glaseado de caramelo y vinagre balsámico y con una salsa intensa de vino tinto con un ligero acento de chocolate oscuro. Es un platillo elegante que recuerda lo mejor de la cocina de las casas de campo. Asegúrese de comprar las becadas de distribuidores de animales de caza con licencia; tienen una temporada corta (de noviembre a enero).*

4 PORCIONES COMO PLATILLO PRINCIPAL

4 becadas

4 cucharadas de mantequilla clarificada

25 gramos de mantequilla fría, cortada en cubos

Sal marina y pimienta negra recién molida

Salsa

300 mililitros de vino tinto

1 echalote grande, picado finamente

1 cucharada de aceite de oliva

¼ de cucharadita de polvo chino de cinco especias

6 granos de pimienta negra

1 ramito de tomillo fresco

1 hoja de laurel pequeña

2 cucharaditas de vinagre de jerez

500 mililitros de Caldo Oscuro de Pollo (página 212)

25 gramos de chocolate oscuro, con por lo menos 60% de sólidos de cacao

Nabos blancos

6 nabos blancos medianos regordetes

4 cucharadas de azúcar

½ cucharadita de sal marina fina

3 cucharadas de aceite de oliva

15 gramos de mantequilla

1 cucharada de miel clara

1 cucharada de vinagre balsámico añejado

150 mililitros de Caldo Oscuro de Pollo (página 212)

1 Primero prepare la salsa. Hierva el vino hasta reducir a la mitad. En otra cazuela, saltee el echalote en el aceite por 5 minutos. Agregue las especias, granos de pimienta y hierbas. Cocine por 1 minuto, después desglase con el vinagre. Agregue el vino reducido, removiendo, y luego el caldo. Salpimiente, haga hervir y cocine a fuego medio hasta reducir a la mitad. Cuele y reserve en la misma cazuela.

2 Ahora prepare los nabos blancos. Pele y recorte los extremos. Corte a la mitad, a lo ancho. Rebane los nabos por el centro, como si fueran papas fritas gruesas. Deseche los centros. Ponga las rebanadas de nabo en una mezcla de azúcar y sal.

3 Caliente el aceite y mantequilla en una cazuela grande y poco profunda y fría el nabo blanco hasta que empiece a caramelizarse, volteando con frecuencia hasta que esté bien dorado. Agregue la miel, removiendo, y siga cocinando hasta que se suavicen los nabos blancos, como unos 5 minutos. Desglase con el vinagre balsámico por uno o dos minutos, después vierta dentro el caldo, gradualmente. No lo agregue todo a la vez o disolverá el caramelo. Añada en pequeños chorros y deje que se absorba uno antes de agregar otro, como si añadiera el caldo de un *risotto*. Deberá tener una buena salsa de jarabe al final. Quite los nabos del fuego y mantenga calientes.

4 Cuando esté listo para cocinar las becadas, caliente el horno a 200ºC. Caliente 1 cucharada de la mantequilla clarificada en un sartén. Envuelva su mano en un trapo de cocina limpio y coloque un ave en la cazuela, con la pechuga hacia abajo, presionándola sobre la grasa caliente. Dore y después voltee para dorar la otra pechuga. Puede sellar el resto del ave si así gusta, aunque sólo necesita las pechugas para este platillo. Quite la becada y repita con las aves sobrantes y la mantequilla clarificada, dorando cada una individualmente.

5 Coloque las aves en una pequeña charola para hornear, parándolas en sus partes posteriores. Ponga pedazos de mantequilla fría encima. Caliente la charola en la hornilla hasta que la mantequilla empiece a espumar, después rocíe esta mantequilla sobre las pechugas de las aves. Coloque en el horno y ase por unos 10 minutos. La carne estará muy rosa.

6 Saque y deje reposar hasta que esté lo suficientemente fría para manipular, después quite cada pechuga en una sola pieza con un cuchillo para deshuesar. Corte las piernas también si quiere, aunque en realidad no tienen mucha carne.

7 Regrese las pechugas (y las piernas si las está usando) a la charola, vierta los jugos de la charola encima con una cuchara y cubra con papel estrella. Coloque en el horno a la misma temperatura y cocine de 3 a 4 minutos adicionales.

8 Vuelva a calentar los nabos blancos y divida entre cuatro platos calientes. Vuelva a llevar la salsa al hervor y después, quitándola del fuego, agregue el chocolate hasta que se derrita. Revise la sazón. Sirva dos pechugas para cada invitado sobre los nabos blancos y bañe con la salsa.

Pato de Gressingham con tartas de endivia

Los patos de Gressingham son mis favoritos; están llenos de sabor y tienen una piel que se vuelve bien crujiente, siempre y cuando la marque bien y de forma pareja. Las tartas de endivia son una guarnición inusual. Toma un momentito prepararlas, pero no son difíciles. Necesitará moldes para tartaletas o moldes para mantecadas grandes, de 8 a 10 centímetros de diámetro y de 2 a 3 de profundidad. **4 PORCIONES COMO PLATILLO PRINCIPAL**

250 gramos de Pasta de Hojaldre (página 214)

4 endivias medianas

30 gramos de azúcar morena clara y suave

50 gramos de mantequilla, y un trozo adicional

2 cucharadas de vinagre balsámico

1 zanahoria, picada en cubos

¼ de apio nabo, cortado en cubos

½ col de Saboya pequeña, finamente picada

1 cucharada de aceite de oliva

75 gramos de tocino ahumado magro, cortado en cubos pequeños

4 pechugas de pato de Gressingham, de unos 175 gramos cada una

1 cucharada de miel transparente

2 clavos de olor enteros

Sal marina y pimienta negra recién molida

1 Estire la pasta a un grosor de 5 milímetros. Corte cuatro círculos que tengan unos 3 centímetros de diámetro más que sus moldes de tartaleta, o sea de 11 a 13 centímetros. Pinche las bases ligeramente y refrigere para que reposen. Caliente el horno a 200°C.

2 Con un cuchillo delgado y filoso, saque el centro de la endivia, haciendo un túnel, para remover lo más que pueda del corazón duro pero manteniendo juntas las hojas. Corte la endivia a lo ancho para que tenga la sección regordeta de cada una, de unos 3 centímetros de altura. Reserve. (Use las hojas superiores para ensaladas).

3 En una cazuela pequeña, disuelva el azúcar con unas gotitas de agua, después agregue la mantequilla. Derrítala y después hierva por alrededor de un minuto. Agregue el vinagre. Vierta esto en los moldes de tartaleta. Salpimiente las secciones de endivia, después presione una en el caramelo de cada molde, con el lado sin centro hacia arriba (vea fotos de esta técnica en la página 218).

4 Coloque los discos de pasta encima, metiendo las orillas dentro del molde, alrededor de los lados. Hornee de 12 a 15 minutos hasta que la pasta esté bien dorada y crujiente. Vierta con cuidado los jugos que se hayan acumulado en los moldes una o dos veces mientras hornea. La endivia se suavizará y tomará un delicioso sabor caramelizado. Quite y deje enfriar un poco mientras prepara el resto del platillo.

5 Blanquee la zanahoria y el apio nabo en agua salada hirviendo de 3 a 4 minutos. Agregue la col y cocine por 2 minutos más. Escurra y refresque bajo agua fría corriente. Limpie la cazuela, caliente el aceite y fría las tiras de tocino por unos 5 minutos, removiendo una o dos veces. Reserve.

6 Recorte las pechugas del pato uniformemente, después marque la piel, cuidando de no cortar la grasa también. Cuanto más cercanas estén las marcas, más crujiente quedará la carne. Caliente un sartén de base pesada y después coloque las pechugas encima, con la piel hacia abajo. Cocine por unos minutos para dorar. La grasa saldrá escurriendo. Vierta esto para que no se queme. Voltee las pechugas y dore el lado de la carne. Salpimiente mientras se cuecen. Voltee una vez más y sirva los jugos sobre la carne unas cuantas veces con los jugos de la charola. Cocine de 8 a 10 minutos. Es mejor servir el pato ligeramente rosa y jugoso.

7 Quite las pechugas de la charola y mantenga calientes. Escurra el exceso de grasa de la charola, pero

mantenga ahí los jugos de carne. Agregue la miel y clavos, después vuelva a poner las pechugas de pato con sus jugos y glasee con la mezcla de miel. Déle una vuelta más sobre el lado de la piel para dorarlo, después saque las pechugas y déjelas reposar.

8 Mientras tanto, vuelva a calentar las tiras de tocino, después agregue el trozo de mantequilla y regrese la mezcla de col a la cazuela. Mezcle suavemente hasta que esté bien caliente. Revise la sazón, después con una cuchara sirva en montones en el centro de cuatro platos calientes. Coloque las pechugas de pato encima (corte en rebanadas diagonales si quiere) y rocíe encima los jugos de la cazuela. Con cuidado voltee las tartaletas de endivia, aflojándolas con un cuchillo de mesa si es necesario, y coloque una en cada plato. Usando el mango delgado de una cuchara o un cuchillo, suavemente separe las hojas de la endivia para dar el efecto de una rosa. Sirva de inmediato.

Lomo de cerdo con chucrut y salsa cremosa de mostaza

El cerdo está en su mejor punto a mediados de invierno. Escoja cerdo criado al aire libre, porque tiene mucho más sabor. Pídale al carnicero la tapa del lomo, con la piel bien marcada para que se ponga crujiente. Por cierto, si quiere que tenga un chicharrón crujiente, entonces haga caso a mi sugerencia y selle la piel en un sartén caliente antes de asar. Cuando cocino cerdo, me gusta servir chucrut cocinado al estilo Alsacia con tiras crujientes de tocino. **4** PORCIONES COMO PLATILLO PRINCIPAL

1 lomo deshuesado de cerdo, de un kilo

Un frasco de 500 gramos de chucrut

2 cucharadas de aceite de oliva

1 cebolla, rebanada

75 gramos de tocino magro, ahumado y cortado en cubitos

800 mililitros de Caldo Oscuro de Pollo (página 212)

150 mililitros de crema para batir

1 cucharada de mostaza de grano

Sal marina y pimienta negra recién molida

1 Caliente el horno a 200°C. Caliente un sartén grande en la estufa hasta que sienta que está muy caliente. Coloque el trozo de cerdo en el sartén caliente, con la piel hacia abajo, y presione (quizás prefiera envolver su mano en un trapo para protegerla). Esto hará que el chicharrón comience a ponerse crujiente. Voltee el lomo y dore lo demás.

2 Transfiera el lomo a una charola para hornear, colocándolo con la piel hacia arriba, y espolvoree con sal marina. Ase durante 30 minutos y después baje la temperatura a 180°C. Ase durante 30 minutos más. No vierta los jugos de la charola sobre el lomo.

3 Mientras tanto, enjuague el chucrut en agua fría y escurra bien. Caliente 1 cucharada de aceite en un sartén grande y saltee la cebolla suavemente por 5 minutos hasta que esté ligeramente dorada. Agregue el tocino y siga cocinando durante unos 3 minutos hasta que esté crujiente. Agregue el chucrut y añada 500 mililitros del caldo y la pimienta recién molida, removiendo. Hierva y después cubra y hierva a fuego muy lento por unos 20 minutos.

4 Mientras tanto, hierva el caldo sobrante hasta reducirlo a la mitad. Incline la charola para sacar los jugos y resérvelos; después vierta la crema en la charola. Haga hervir la crema lentamente y después agregue el caldo reducido y la mostaza. Revise la sazón y mantenga caliente la salsa.

5 Cuando el cerdo esté por terminar de cocinarse, pique la sección más gruesa con un pincho delgado. Deben salir jugos transparentes. Si no, siga cocinando hasta que lo estén. El cerdo deberá sentirse firme cuando lo presione, mas no duro como una roca. Saque del horno y deje reposar por unos 10 minutos mientras recalienta la salsa y divida el chucrut entre cuatro platos calientes.

6 Corte el cerdo en rebanadas bastante gruesas y rompa el chicharrón en pedazos. Coloque encima del chucrut y bañe con la salsa. Un placer rústico total.

Chuletas de ternera con una crema de verduras de invierno

La ternera no goza de mucha popularidad en Inglaterra, y es una lástima, pues tiene gran sabor y es muy versátil. La puede servir simplemente asada o cocinada con una salsa; puede ser una salsa de crema, como en el blanquette de veau, *o una salsa más intensa de jitomate, como la del* osso bucco. *Ésta es una receta linda para una cena entre semana: carne y verduras en un solo platillo, y apio nabo y cebollitas servidas con espinaca* baby *blanqueada.* **4 PORCIONES COMO PLATILLO PRINCIPAL**

4 chuletas de lomo de ternera, de unos 200 gramos cada una

4 cucharadas de aceite de oliva

1 cucharadita de romero fresco picado

8 a 12 cebollitas

150 gramos de apio nabo

25 gramos de mantequilla, más un trozo adicional

200 gramos de espinaca *baby*

1 cucharada de mostaza de Dijon

200 mililitros de crema para batir

Sal marina y pimienta negra recién molida

1 Recorte las chuletas y extiéndalas sobre una tabla. Con un rodillo, golpee el lomo ligeramente para aplanarlo un poco. Frote un poco de aceite de oliva en ambos lados de cada chuleta y espolvoree el romero. Deje marinar por unas 2 horas.

2 Mientras tanto, blanquee las cebollas en agua hirviendo durante 30 segundos. Escurra y enjuague en agua fría. Las pieles deberán caer sin dificultad. Caliente una cucharada del aceite en un sartén pequeño y saltee las cebollas de 5 a 7 minutos hasta que estén bien doradas. Quite con una cuchara de rendijas y reserve.

3 Pele el apio nabo y corte en cubitos. Caliente el aceite sobrante y la mantequilla en el mismo sartén y saltee el apio nabo durante unos 5 minutos, volteando una o dos veces. Salpimiente bien y regrese las cebollas al sartén. Reserve.

4 Blanquee la espinaca en agua hirviendo durante 1 minuto, después escurra y refresque bajo la llave de agua fría. Escurra bien otra vez y exprima lo más que pueda del agua. (En mi cocina, exprimo las hojas en un trapo de cocina limpio).

5 Agregue la mostaza y la crema al apio nabo y cebollitas, removiendo, y haga hervir lentamente. Revise la sazón. Mantenga caliente.

6 Ahora le toca a la ternera. Caliente un sartén antiadherente de base pesada y, cuando esté caliente, coloque adentro las chuletas. Salpimiente mientras se cocinan, dándole unos 3 o 4 minutos a cada lado. Bañe una o dos veces con los jugos del sartén o la marinada sobrante.

7 Vuelva a calentar la espinaca con el trozo de mantequilla. Divida el apio nabo y las cebollas en cuatro platos calientes, coloque las chuletas encima y con una cuchara coloque la espinaca alrededor. Sirva caliente.

Escalopa de ternera con colinabo y alcachofas globo *baby*

El invierno es la estación perfecta para usar alcachofas globo baby. Son tan tiernas que todavía no se les forma la parte peluda del corazón, así que se pueden cocinar y comerse enteras. El invierno también es la temporada del colinabo, que tiene un intrigante sabor parecido al nabo. Si se toma el tiempo de preparar un platillo de verduras especiales, entonces cobra sentido servirlas con un corte de carne de cocción rápida. Mi favorito es una rebanada del filete de falda de ternera –llamado escalopa– aunque un filete delgado de cordero o cerdo también sirve bien.

4 PORCIONES COMO PLATILLO PRINCIPAL

4 alcachofas globo *baby*

El jugo de ½ limón

1 colinabo mediano, de unos 500 gramos

25 gramos de mantequilla

1 cucharada de aceite de oliva

150 mililitros de Caldo Ligero de Pollo (página 212)

4 escalopas de ternera, de unos 100 gramos cada una

3 cucharadas de harina blanca

3 cucharadas de mantequilla clarificada

2 cucharaditas de perifollo fresco picado

2 cucharaditas de perejil fresco picado

2 cucharaditas de cebollín fresco picado

Sal marina y pimienta negra recién molida

1 Primero prepare las alcachofas. Recorte las puntas de las hojas y desprenda los tallos. Coloque en una olla de agua hirviendo con la mitad del jugo de limón. Cocine por 5 minutos, después cuele boca abajo sobre un colador. Deje enfriar.

2 Pele el colinabo y rebane en rodajas de 1.5 centímetros de grosor. Caliente la mitad de la mantequilla y el aceite en un freidor o sartén no muy profundo. Fría las rebanadas de colinabo rápidamente de ambos lados para dorarlas bien, después salpimiente y agregue el caldo. Añada la mitad de la mantequilla sobrante al sartén y cubra con papel estrella. Haga hervir suavemente hasta que se evapore el caldo y las rebanadas se hayan suavizado, de 10 a 12 minutos. No las voltee. Deje en el sartén pero quite del fuego.

3 Ahora le toca a la ternera: coloque una de las escalopas entre papel encerado antiadherente y golpee suavemente con la parte plana de una cuchilla de carnicero o con un rodillo. No lo golpee con demasiada fuerza; sólo es un poco para aplanar y ablandar. Repita con las otras escalopas. Salpimiente la harina y revuelva la ternera adentro, sacudiendo para quitar el exceso.

4 Caliente la mantequilla clarificada en un sartén antiadherente de base pesada y acomode la ternera. Fría rápidamente por un minuto para sellar, después agregue la mantequilla sobrante. Cuando ésta espume, voltee la ternera. Vierta encima la mantequilla espumante y cocine de 1 a 2 minutos hasta que la carne se sienta firme. No cocine de más. Agregue las hierbas picadas, sazone ligeramente y exprima encima el jugo de limón restante.

5 Sirva la ternera en platos calientes. Vuelva a calentar las alcachofas (en un poco de agua con mantequilla) y el colinabo, sirva con la ternera y lleve a la mesa.

Mi *steak tartare* especial con papas fritas

Preparar el steak tartare *tiene su arte. Es una de las grandes habilidades de 'l'art de la table' que practican los mejores jefes de comedor. Mi* maître*, Jean Claude Breton, es de verdad un maestro para eso. Él les diría que el principal requisito es el mejor filete magro que haya, obtenido de la mejor res, y ésta sólo puede venir de las reses Aberdeen Angus bien colgadas. Si no tiene un carnicero decente cerca de casa, entonces pruebe con uno de los excelentes ranchos familiares que ahora entregan comida al siguiente día por paquetería. El siguiente secreto para tener éxito es picar la carne a mano con dos cuchillos de cocinero muy pesados y muy filosos. Un buen cocinero casi siempre le puede ayudar a conseguir quien le afile los cuchillos; sólo pregunte cuándo pasa el afilador a verlo. Finalmente, para las papas también necesita buenos ingredientes. Nos gusta usar la papa Desirée y freírla en aceite de oliva ligero; el aceite de cacahuate también es bueno, pues se puede calentar hasta altas temperaturas y tiene un sabor bastante neutro, ideal para freír con abundante aceite. Note que esta receta contiene res cruda y yema cruda.* **2 PORCIONES COMO PLATILLO PRINCIPAL**

250 gramos del mejor filete escocés magro

2 cucharaditas de alcaparras picadas finamente

2 cucharaditas de pepinillos picados finamente

2 cucharaditas de cebolla morada picada finamente

2 cucharaditas de perejil fresco picado finamente

2 cucharaditas de catsup

2 cucharaditas de mostaza de Dijon

Entre $\frac{1}{2}$ y 1 cucharadita de sal marina machacada

Unos chorritos de salsa picante y salsa inglesa

1 yema de huevo de rancho grande (idealmente orgánico)

Papas fritas

400 gramos de papas Desirée medianas, peladas

Aceite de oliva ligero o aceite de cacahuate, para freír en abundante aceite

Sal marina, para espolvorear

1 Es importante que todo se mantenga frío al preparar esta receta, especialmente la tabla para picar y el recipiente para mezclar. No manipule la res de más, para que la consistencia se mantenga fresca. Corte la res en rebanadas delgadas, después corte las rebanadas en tiritas muy delgadas. Junte unas cuantas tiras y corte a lo ancho en cubos muy pequeñitos. (Vea fotos de esta técnica en la página 220).

2 Coloque la carne en el recipiente frío, extendiendo la carne hasta subirla por los bordes del recipiente para enfriarla más. Agregue todos los ingredientes que quedan y mezcle rápidamente con un tenedor hasta que esté bien combinado. Moldee en dos tortitas y coloque en platos fríos. Cubra y coloque en el refrigerador para mantenerlo frío mientras prepara las papitas.

3 Corte las papas en palitos de 1 centímetro de grosor. No los enjuague; simplemente extiéndalos sobre un trapo, condimente con sal y deje a '*dégorge*' por 5 minutos, para que se seque un poco. Seque con palmaditas.

4 Caliente el aceite, una cantidad con 5 centímetros de profundidad, en un sartén a 180ºC. Deslice los palos de papa dentro del aceite caliente (idealmente use una canasta para freír) y fría por unos 3 minutos, hasta que estén suaves pero no doradas. Quite del aceite, después vuelva a calentarlo a 180ºC. Vuelva a colocar las papas y fría hasta que estén bien doradas y crujientes. Escurra sobre una toalla de papel y espolvoree con sal.

5 Sirva las papas en un recipiente distinto al del *steak tartare*.

Rabo de buey braseado con puré de nabo blanco

El rabo de buey es uno de los grandes platillos clásicos de la cocina inglesa de campo. Durante la prohibición de res no se podía conseguir, pero ahora vuelven a encontrarse unos cuantos cortes de rabo de buey en las mejores carnicerías, y podemos disfrutar la carne de sabor intenso y aterciopelado que se suaviza al cocerse larga y lentamente. Las rebanadas se vuelven más pequeñas conforme se vuelve más angosto el rabo. Idealmente, necesita dos rebanadas generosas por porción. Podría ser bueno comprar dos rabos y tener un poco extra para el día siguiente, o para congelar. Un reconfortante puré de nabo blanco es estupendo para absorber la espesa salsa gravy. Este platillo me recuerda a mi primer restaurante, el Aubergine. El puré de nabo blanco era tan popular que lo tuve que dejar en el menú hasta que me cansé de prepararlo. Ahora lo puedo volver a introducir. Otra cosa a su favor: los dos elementos de este platillo se pueden cocinar un día antes y recalentar para servir. **4 PORCIONES COMO PLATO PRINCIPAL**

2 rabos de buey, de alrededor de 1 kilo cada uno, cortados en rebanadas de 3 centímetros

400 mililitros de vino tinto

1 ramito de tomillo fresco

1 hoja de laurel

4 cucharadas de aceite de oliva

2 zanahorias, picadas

1 cebolla morada, picada

1 litro de Caldo Oscuro de Pollo (página 212)

Sal marina y pimienta negra recién molida

Puré de nabo blanco

4 nabos blancos medianos regordetes

25 gramos de mantequilla

1 cucharada de aceite de oliva

1 papa mediana, pelada y picada en trozos gruesos

300 mililitros de Caldo Ligero de Pollo (página 212)

150 mililitros de crema para batir

1 Marine los rabos de buey en el vino. La forma más sencilla de hacerlo es colocar el rabo en una bolsa grande para comida y verter dentro el vino y las hierbas. Selle la bolsa y frote todo junto. Guarde en el refrigerador toda la noche.

2 Cuando sea hora de cocinar, saque los rabos y reserve el vino. Caliente 2 cucharadas del aceite de oliva en una cazuela grande de hierro fundido y dore los pedazos de rabo sucesivamente. Escurra en una toalla de papel.

3 Caliente el aceite sobrante en el sartén y saltee las zanahorias y cebolla durante unos 5 minutos hasta que se suavicen. Agregue la marinada de vino (con hierbas) y cocine hasta reducirlo por dos tercios. Vierta dentro el caldo y haga hervir. Vuelva a colocar los pedazos de rabo y salpimiente bien, después cubra y hierva al fuego más lento posible por casi 3 horas, hasta que la carne esté muy tierna y se caiga del hueso al pincharla.

4 Mientras tanto prepare el puré de nabo blanco. Pele los nabos y recorte 'palitos' gruesos desde el centro. Deseche el centro. Pique los nabos en trozos grandes. Caliente la mantequilla y el aceite de oliva en una cazuela no muy honda y saltee suavemente los nabos y papa hasta que tengan un color dorado pálido. Vierta el caldo dentro, salpimiente y haga hervir. Cubra con uno o dos papeles estrella y hierva a fuego lento durante unos 15 minutos, hasta que las verduras estén suaves y el líquido se haya evaporado.

5 Vierta dentro la crema, haga hervir otra vez y hierva a fuego lento por unos minutos hasta que casi no quede. Coloque en un procesador de alimentos y licue hasta que esté muy homogéneo y aterciopelado. Revise la sazón.

6 Sirva los rabos en platos calientes o en un platón grande para servir. Cuele el líquido para cocinar, vuelva a calentar y bañe el rabo de buey. Como guarnición, sugiero rebanadas diagonales de zanahoria cocinada con un poco de mantequilla, agua y ajo prensado. Es muy bueno. Sirva con puré de nabo blanco.

Manitas de cerdo crujientes

Esta receta se prepara por amor al arte, pero si alguna vez ha comido manitas de cerdo rellenas y ama cocinar, entonces intentará prepararlas. Generalmente tiene que encargar las manitas de cerdo con anticipación; asegúrese de conseguirlas con un pedazo largo de hueso, de unos 15 centímetros, arriba de la pezuña misma, casi las patas completas. Puede pedir los codillos al mismo tiempo. Es fundamental un cuchillo delgado y muy filoso, puesto que debe despellejar muy bien las manitas. Me gusta servirlas con huevos de codorniz fritos y rebanadas delgadísimas de trufa fresca encima; una versión muy elegante de los huevos con tocino. **4 PORCIONES COMO PLATILLO PRINCIPAL**

2 codillos de cerdo, para darle unos 500 gramos de carne después de cocinar

4 patas largas de cerdo, con los pelos quemados

1 cebolla, la mitad rebanada y la otra en cubitos

2 zanahorias, picadas en cubos

1 tallo de apio, picado en cubos

1 ramillete de hierbas frescas (un atado de hoja de laurel, un ramito de tomillo fresco, tallos de perejil machacado y una hoja de apio)

4 a 5 cucharadas de aceite de oliva

4 dientes gruesos de ajo, picado

1 hoja de laurel

1 ramito de tomillo fresco

4 cucharaditas de puré concentrado de jitomate

1 botella de vino tinto

1 litro de Caldo Oscuro de Pollo (página 212)

1 par de mollejas, preparadas y cocinadas (vea Mollejas con Mermelada de Echalote y Hongos, página 147), después cortadas en 6 a 8 piezas (opcional)

Sal marina y pimienta negra recién molida

Para servir (opcional)

Hojas de lechuga mixta

Vinagreta Clásica (página 213)

1 Comience la preparación con 24 horas de antelación. Primero coloque los codillos en recipientes separados con agua fría y deje remojar. Después despelleje las patas. Con un cuchillo para deshuesar muy filoso y de cuchilla delgada, marque bien a lo largo de la piel gruesa de una de las patas hasta llegar a la parte superior del primer nudillo. Metiendo bien la punta del cuchillo bajo la piel, comience a quitar la piel del hueso, como si la rasurara. Intente no quitar grasa ni venas con la piel. Siga rasurando y jalando la piel hasta que llegue hasta donde está el primer nudillo.

2 Sostenga la pata con un trapo limpio y deje que la piel caiga sobre su mano. Marque alrededor del nudillo parcialmente expuesto y jale la piel. Ahora deberá poder cortar para quitar el hueso largo, quedándose con un faldón grande y flojo de piel y la punta del nudillo, todavía con los dedos pegados. Debería de parecer un títere de guante vacío. Un consejo final es que trate de no cortar la piel mientras la va quitando del hueso; es difícil, pero así no se saldrá el relleno más adelante.

3 Despelleje las otras patitas de la misma forma. Para que se anime al hacer esta labor de amor, le contaré que mis jóvenes chefs pueden pelar una pata en 12 segundos, o eso dicen. Nunca les he tomado el tiempo, pero definitivamente hacen un trabajo veloz y limpio.

4 Coloque las pieles de las patas en un recipiente de agua fría y deje remojar por 24 horas para quitar cualquier vestigio de sangre. Escurra y seque dando palmaditas con una toalla de papel.

5 Cuando sea hora de cocinar, escurra los codillos de cerdo y llene una cazuela de agua fresca hasta cubrirlos. Agregue la cebolla rebanada, la mitad de las zanahorias y apio, el ramillete de

hierbas y la pimienta. Haga hervir, quitando la espuma que se vaya formando, y hierva a fuego lento durante 2 horas hasta que el líquido se reduzca por completo.

6 Deje enfriar, después cuele el caldo de los codillos. Deshebre la carne del hueso y reserve. Deseche las verduras y el ramillete. Hierva el caldo hasta que se reduzca a la mitad, después reserve. Deberá cuajarse como una gelatina conforme se enfría.

7 Saltee el resto de la cebolla, zanahoria y apio en 2 cucharadas del aceite de 5 a 10 minutos hasta que se suavicen y caramelicen. Agregue el ajo, hoja de laurel, tomillo y el puré concentrado de jitomate y cocine durante 2 minutos, después agregue todo el vino. Cocine hasta reducirlo por tres cuartos.

8 Vierta el caldo de pollo adentro y agregue las pieles de las patas. Haga hervir, después cubra parcialmente y hierva a fuego muy lento de 3 ½ a 4 horas. No remueva las patas si lo puede evitar, para no cortar la piel por error. La piel estará lista cuando pueda presionar un pedazo contra la orilla de la cazuela con dos dedos y atravesarla fácilmente. Enfríe por 10 minutos en el líquido para cocinar, después quite con cuidado y coloque en una rejilla de metal para enfriar más. Deseche el líquido.

9 Ahora puede cortar los dedos. Debe tener cuatro pedazos grandes de piel muy suave y color rojo profundo de pata de cerdo. Séquelas con palmaditas. Forre una tabla para picar con una hoja grande de película autoadherente. Coloque una piel a lo largo, después coloque otra piel pegada a la primera y empalmándola ligeramente. Repita con las otras dos pieles, para hacer un rectángulo de piel de pata de unos 35 a 40 x 15 centímetros. Barnice generosamente con el caldo de manitas parcialmente cuajado. Esto ayuda que todo se mantenga junto. (En la cocina del restaurante extendemos una capa delgada de *mousseline* de pollo sobre la piel, pero el caldo de las manitas funciona casi igual de bien).

10 Coloque la carne deshebrada de los codillos por el centro, haciendo una pila ordenada. Si usa las mollejas, coloque la mitad de la carne en las pieles de las patas, acomode las mollejas encima, bien espaciadas, y cubra con el sobrante de la carne.

11 De forma firme y uniforme, doble una parte de la piel sobre el relleno, y enrolle de forma pareja para obtener una 'salchicha'. Envuelva bien en papel aluminio, asegurándose de que no queden huecos o burbujas, y tuerza bien los extremos. Enfríe por 12 horas por lo menos.

12 Cuando sea la hora de servir, use un cuchillo muy filoso o de sierra, remojado en agua caliente, para rebanar el rollo en 12 medallones. Caliente lo que queda del aceite en un sartén y fría los medallones rápidamente por 3 minutos de cada lado hasta que estén crujientes. Sirva las patas sobre una ensalada mixta bien aderezada.

Tarta de naranja y limón

Me ruborizo cuando digo que con frecuencia me felicitan por la tarta de naranja y limón que servimos en el restaurante; debo compartir el crédito con mis chefs pasteleros, encabezados por Thierry Besselieur. La perfecta tarta de limón francesa realmente depende de la habilidad del cocinero, de estirar la pasta dulce, hecha con mucha mantequilla, hasta que quede muy delgada sin romperla, hervir los jugos de las frutas para concentrar el sabor y luego hornear el relleno a temperatura muy baja hasta que se cuaje muy suavemente. Como floritura final, agregamos una costra delgadísima de azúcar crujiente, hecha al espolvorear no sólo una vez con azúcar caramelizada, sino dos. Pruébelo. **4** A **6** PORCIONES

1 porción de pasta dulce con mantequilla
   (vea el Flan de Pera y *Frangipane*, página 153)
2 cucharadas de azúcar glas
Confit de Naranja y Limón (página 215), opcional

Relleno
600 mililitros de jugo de naranja
El jugo de 2 limones
Ralladura de 1 limón
Ralladura de 1 naranja
180 gramos de azúcar blanca muy fina
6 yemas de huevo de rancho, batidas
150 mililitros de crema para batir

1 Estire la masa hasta que quede lo más delgada posible y obtenga un círculo de unos 30 centímetros de diámetro, lo suficientemente grande como para forrar cómodamente un molde plano de 20 centímetros de diámetro y unos 2.5 a 3 centímetros de profundidad, dejando un poco extra para colgar. Puede hacer esto sobre una tabla ligeramente enharinada o entre dos hojas de película autoadherible ligeramente enharinadas. Levante la masa sobre el rodillo hasta el molde plano (o un molde para flan colocado sobre una charola para hornear plana y pesada). Presione bien la masa sobre el fondo y las orillas del molde y pellízquelo para que quede junto, o parche cualquier hueco con recortes de masa. Debería de quedar bastante masa colgada alrededor (no la recorte). Coloque el molde sobre una charola para hornear.

2 Coloque una hoja grande de papel aluminio sobre la cobertura de pasta, cubriendo también las orillas. Rellene con pesitos para hornear. Refrigere durante 20 minutos mientras calienta el horno a 180ºC.

3 Hornee la cubierta de pasta de 12 a 15 minutos hasta que apenas esté endureciendo. Remueva el papel aluminio y los pesitos. Vuelva a colocar la cubierta de pasta en el horno para hornear durante 5 minutos adicionales. Recorte la parte superior de la pasta para que quede rasa con el molde usando un cuchillo muy filoso, después deje enfriar mientras prepara el relleno.

4 Reduzca la temperatura del horno al nivel más bajo, idealmente a 100ºC. (Muchos hornos domésticos no bajan tanto y se quedan alrededor de 120ºC). Espere unos 20 minutos para que baje la temperatura.

5 Para el relleno, hierva juntos los jugos de naranja y limón hasta reducir a unos 170 mililitros. Deje enfriar. Bata la ralladura de limón y naranja con el azúcar y las yemas. Agregue la crema y luego el jugo enfriado.

6 Coloque la cubierta de pasta sobre una rejilla del horno que jale hacia afuera y vierta lentamente el relleno, llenándola hasta la orilla de la cubierta. Con mucho, mucho cuidado empuje la tarta dentro el horno otra vez y hornee durante 35 minutos. El relleno deberá seguir bastante

suave. Apague el horno y deje la tarta adentro a enfriar, hasta que cuaje lo suficiente como para sacarla sin que se tire. Deje enfriar por completo hasta que esté ligeramente cuajada, después refrigere.

7 Cierna la mitad del azúcar glas sobre la superficie de la tarta en una capa uniforme. De inmediato caramelice el azúcar con un soplete. Deje que se enfríe y quede crujiente, después cierna otra capa de azúcar glas encima y caramelícela. Deje enfriar por completo.

8 Corte la tarta en porciones con un cuchillo filoso largo y sirva con un chorrito de crema si gusta. Nosotros agregamos una decoración de rebanadas de *confit* de naranja y limón. En caso de que un día tenga la inclinación de prepararlo, hágalo, pues es un buen complemento para la tarta.

Compota de manzana, ciruela pasa y mantequilla escocesa

Siempre sirvo mis postres en porciones diminutas. Supongo que después de cuatro o cinco tiempos, mis invitados sólo quieren una probada o dos de un postre de sabor intenso. Este postre es justamente así: deliciosas ciruelas pasa de Agen remojadas en Armagnac y servidas en pequeños caballitos, cubiertos con un puré de manzana y mantequilla escocesa y un yogurt espeso y cremoso. El yogurt se puede colar la noche anterior para que quede aun más exquisito. Si quiere porciones más grandes, sirva en copas de vino pequeñas. **4 A 8 PORCIONES, SEGÚN TAMAÑO DE PORCIÓN**

100 mililitros de Armagnac, Calvados u otro brandy
8 a 10 ciruelas pasa Agen regordetas y semisecas (*mi-cuit*)
1 manzana Granny Smith grande, pelada, sin el centro y picada
1 vaina de vainilla
100 gramos de azúcar blanca muy fina, más 2 cucharadas
100 gramos de mantequilla sin sal
100 mililitros de crema para batir
Unos 300 gramos de yogurt tipo griego de leche entera

1 Caliente el brandy de su selección en una cazuela pequeña, sin dejarlo hervir. Quite del fuego y agregue las ciruelas pasa, removiendo. Deje macerar toda la noche.
2 Al día siguiente, escurra las ciruelas, quite el huesito y pique la pulpa en trozos. Reserve.
3 Coloque la manzana picada en otra cazuela pequeña y rocíe encima 2 cucharadas de agua. Rebane la vaina de vainilla y, con la punta de un cuchillo, raspe para sacar las semillas. Mezcle con 2 cucharadas del azúcar, agregue a la cazuela y combine con la manzana. Caliente hasta que chisporrotee, después tape y cocine de 5 a 7 minutos, removiendo ocasionalmente, hasta que esté suave y pulposa. Deje enfriar, después machaque en un puré espeso con un tenedor.
4 En otra cazuela, suavemente caliente el azúcar sobrante con un chorro de agua hasta que se derrita, removiendo ocasionalmente. Cuando esté transparente, agregue la mantequilla y cocine hasta obtener un color ligero a caramelo. No remueva o quedará como cajeta.
5 Quite del fuego y deje enfriar durante 5 minutos, después agregue la crema. Deje enfriar hasta temperatura ambiente, después agregue la manzana, remueva y refrigere.
6 Divida las ciruelas pasa entre vasos de su selección. Remueva el yogurt hasta que esté homogéneo, después con una cuchara sirva la mitad encima, seguida por la mezcla de manzanas. Finalmente termine con el resto del yogurt.

Nota: También agrego pequeños ramitos de hoja de cilantro azucarada. Prepárelos remojando ramitos de cilantro fresco en clara de huevo batida y después en azúcar blanca muy fina, y deje secar sobre papel encerado.

Soufflés de praliné

No piense que es imposible preparar un soufflé *caliente y dulce con un budín. Nosotros preparamos docenas cada día, y todos llegan a la mesa como triunfos impresionantes. Es cierto que tendrá que desaparecer para ir a la cocina a batir las claras e incorporarlas a la mezcla base. Y sí, tendrá que esperar 15 minutos para que se cocinen los* soufflés*, pero en una fiesta privada casi todos esperan una buena pausa después del plato principal, para realmente apreciar el esfuerzo que se hizo para preparar el postre. Y, además, es una buena excusa para tomar otra copa de vino.* **6 PORCIONES**

250 mililitros de leche cremosa
100 gramos de azúcar blanca muy fina
140 gramos de Praliné (página 215)
40 gramos de harina blanca
4 huevos de rancho grandes, 2 de ellos separados
Un poco de mantequilla derretida, para los moldecitos
Azúcar glas, para espolvorear (opcional)

1 Primero prepare la mezcla base. Caliente la leche con 50 gramos de azúcar blanca y 110 gramos de praliné en una cazuela de base pesada.

2 Mientras tanto, bata el harina, 2 huevos enteros y dos yemas en un recipiente grande. Coloque el recipiente sobre un trapo húmedo para que se mantenga estable, y gradualmente bata la leche de praliné caliente. Bata bien, después regrese a la cazuela y hierva a fuego lento hasta que esté muy espesa y homogénea. Quite y deje enfriar.

3 Tenga listas las 2 claras de huevo y lo que queda del azúcar blanco. Frote el interior de seis moldecitos (de unos 8.5 centímetros de diámetro) con mantequilla derretida y espolvoree con el praliné sobrante, sacudiendo cualquier exceso. Coloque sobre una charola para hornear. Caliente el horno a 190ºC.

4 Cuando sea hora de cocinar, bata las claras hasta que queden espesas y brillantes y formen picos firmes. Gradualmente agregue el azúcar, batiendo. Incorpore el merengue (como está ahora) a la mezcla base. Con una cuchara, llene los moldecitos hasta arriba, y con una espátula extienda las superficies para que queden parejas.

5 Hornee durante 15 minutos hasta que se inflen y estén firmes. Si tiene tiempo, cierna un poco de azúcar glas encima, aunque quizás quiera caminar rápidamente a la mesa con los *soufflés*.

Nota: Aquí va un consejo útil. En lugar de pasar los *soufflés* horneados a una charola para servir, lleve la charola para hornear directamente a la mesa y levante los moldes con una paleta de pescado sobre los platos de postre.

Mis tartas de ciruela

Esto me lleva a mis días como estudiante de catering en Oxford. La idea se basa en la tarte Tatin, *pero utiliza ciruelas rojas rebanadas. Los ingredientes son simples, pero el método tiene que seguirse con cuidado. Necesita moldes para tartaleta (sin bases removibles) de unos 10 centímetros de diámetro, o utilice moldes para preparar* Yorkshire pudding. **4 PORCIONES**

Unos 400 gramos de pasta dulce con mucha mantequilla
  (vea el Flan de Pera y *Frangipane*, página 153)
12 ciruelas rojas grandes
50 gramos de mantequilla sin sal
80 gramos de azúcar blanca muy fina
4 clavos de olor enteros

1 Estire la masa hasta que tenga un grosor de 5 milimetros. Corte en 4 círculos de 12 centíemtros, volviendo a estirar si es necesario. Pinche los círculos ligeramente y reserve.

2 Corte las ciruelas a la mitad, quite los huesos y rebane cada mitad en cuatro. Divida la mantequilla entre cuatro moldes para tartaleta y embarre en el fondo. Espolvoree 20 gramos de azúcar en cada molde. Caliente el horno a 190ºC.

3 Presione las rebanadas de ciruela en la mantequilla y azúcar, y presione un clavo en el centro de la fruta en cada molde. Acomode los moldes en un sartén grande y coloque sobre fuego constante.

4 La mantequilla y el azúcar comenzarán a derretirse y caramelizarse con el calor. Incline y mueva el sartén sobre el fuego para sacudir los moldes un poco y que se dore de forma más pareja. Después de unos cuantos minutos podrá notar un poco de jugo escurriendo de las ciruelas. Envuelva sus dedos en un trapo, después levante cada molde, incline y saque el jugo. Esto hace que las ciruelas queden secas y se caramelicen aún más. Cuando las ciruelas se vean ligeramente caramelizadas, quite del fuego y deje enfriar ligeramente.

5 Coloque un círculo de pasta sobre cada molde y meta las orillas hacia abajo dentro de la borde. Pinche las tapitas una o dos veces y hornee de 12 a 15 minutos hasta que la masa esté dorada y crujiente. Saque y deje enfriar.

6 Para servir, coloque un plato de postre sobre cada molde de tartaleta y voltee con cuidado. Sirva con crema, mascarpone o *crème fraîche*.

Frutas de invierno en jarabe de Malibu con *quenelles* de mascarpone

Éste es un budín caliente rápido: frutas de invierno rebanadas y maceradas en un jarabe caliente con un toque de Malibu. Como una variación para el sabor, cuando hago el jarabe caramelizo primero el azúcar hasta obtener un ligero color dorado, después añado el agua y dejo burbujear por uno o dos minutos. Sirva las frutas en platos para fruta y coloque encima quenelles de crema batida y mascarpone que se derriten mientras sirve.

4 A 6 PORCIONES

100 gramos de azúcar blanca muy fina

1 tirita de cáscara de limón

2 cucharadas de Malibu o ron blanco

Unos 50 gramos de arándanos frescos

1 membrillo

1 pera grande

1 manzana Cox grande

4 ciruelas rojas, sin el hueso

1 plátano apenas maduro

40 gramos de azúcar glas, cernida

Tuiles de Coco (página 214) o galletas de
   mantequilla (vea los Higos Asados con Galletas
   de Mantequilla y Canela, página 91), para servir

Quenelles

150 mililitros de crema para batir

2 cucharaditas de azúcar blanca muy fina

1 vaina de vainilla

3 cucharadas de mascarpone, suavizado

1 Derrita el azúcar blanca con un chorro de agua en una cazuela de base pesada, removiendo una o dos veces. Suba la temperatura y, sin remover, cocine hasta tener un caramelo dorado claro.

2 Quite y hunda la base de la cazuela en un recipiente de agua helada para que pare de dorarse. Deje enfriar hasta que esté tibia, después agregue 200 mililitros de agua y la tira de cáscara de limón, removiendo. Vuelva a poner al fuego y remueva hasta obtener un jarabe dorado. Hierva alrededor de un minuto, después agregue el Malibu y los arándanos y reserve.

3 Pele y quite el centro del membrillo y de la pera. Quite el centro de la manzana pero deje la cáscara. Corte estas frutas en rebanadas delgadas junto con las ciruelas y el plátano. Coloque todas las frutas en un recipiente.

4 Caliente muy bien un sartén antiadherente grande. Espolvoree el azúcar glas sobre las frutas y mezcle para que se cubran, después viértalas todas en el sartén seco y caliente. Sacuda bien el sartén y con cuidado voltee las frutas, que ya deberían de estar caramelizándose bien. Cocine alrededor de un minuto, después mezcle con los arándanos y el jarabe Malibu. Enfríe hasta que esté tibio. Quite la tira de cáscara del limón.

5 Para las *quenelles*, bata la crema con el azúcar hasta que forme suaves picos. Abra la vaina de vainilla y saque las semillas con la punta de un cuchillo. Mezcle las semillas en la crema junto con el mascarpone suavizado. Refrigere ligeramente.

6 Cuando sea hora de servir, divida las frutas entre platos de *sundae* o platos no muy hondos. Con cucharitas remojadas en agua caliente, moldee la crema en 4 a 6 *quenelles* y coloque encima de las frutas. Sirva con *tuiles* de coco o galletas de mantequilla.

recetas y
técnicas
básicas

Varias de mis recetas requieren preparaciones estándar que siempre tenemos a mano en la cocina del restaurante. En el caso de las que se pueden guardar, sugiero que las prepare en buenas cantidades y almacene en el refrigerador o en el congelador. Lo más útil para los caldos es congelarlos en bloques de 200 y 500 mililitros. (Etiquételos antes de congelarlos; ¡todos se ven iguales una vez que los congela!).

La mejor forma de colar los caldos es con manta de cielo; la puede comprar en una mercería o en una buena tienda de equipo de cocina. Es muy barata y se puede limpiar una y otra vez en la lavadora. A falta de eso, un trapo desechable de cocina es igual de útil.

Caldo ligero de pollo

Coloque 3 kilos de carcasas de pollo crudo o trozos de carne y hueso en una olla grande. Agregue unos 5 litros de agua fría, 3 cebollas cortadas en cuartos, 2 poros picados, 2 zanahorias grandes picadas, 1 cabeza pequeña de ajo (cortada a la mitad a lo ancho), 1 ramito grande de tomillo fresco y 1 cucharada de sal marina. Haga hervir lentamente, quitando toda la nata que aparezca encima con una cuchara grande de metal (sin ranuras, para que no se escape la nata). Hierva por 5 minutos, después baje el fuego y hierva a fuego lento de 3 a 4 horas. Enfríe y deje que los sólidos se asienten. Forre un colador con un trozo mojado de manta de cielo y lentamente vierta el caldo a través de éste. Enfríe y refrigere. Puede guardarlo en el refrigerador por hasta 3 días o congelarlo. Prepara unos 3 litros de hermoso caldo.

Para el **caldo oscuro de pollo**, primero ase las carcasas de pollo en un horno precalentado a 200ºC por unos 20 minutos, volteando con frecuencia. Cuele la grasa y proceda como arriba.

Nage de verduras

Éste es uno de los caldos más útiles que puede tener a la mano y se prepara de forma ligeramente distinta a otros caldos.

Coloque los siguientes ingredientes en una olla grande: 3 cebollas picadas, 6 zanahorias picadas, 2 piezas de apio picadas, 1 poro picado, una cabeza pequeña de ajo (cortada a la mitad a lo largo), 1 limón cortado en cuartos, ¼ cucharadita cada una de granos de pimienta blanca y rosa, 1 hoja de laurel pequeña y 4 anises estrella. Vierta 2 litros de agua fría, haga hervir lentamente y deje hervir a fuego lento durante 10 minutos. Quite del fuego y agregue 200 mililitros de vino blanco seco. Agregue un ramito de cada uno:

estragón, albahaca, cilantro, tomillo y perejil rizado, todos frescos. Enfríe, luego decante a un recipiente grande y guarde en el refrigerador por 24 horas. Cuele por un colador forrado con manta de cielo. Se puede guardar en el refrigerador hasta por 4 días o se puede congelar. Hace alrededor de 1.5 litros.

Caldo de pescado

Los huesos de pescado blanco son los más útiles, por ejemplo los del rodaballo, lenguado, abadejo y merluza, y no los pescados aceitosos como el salmón. Necesitará como 1.5 a 2 kilos de espinas. Si utiliza las cabezas de pescado, remueva los ojos y las branquias.

Haga sudar suavemente 1 cebolla pequeña picada, 1 poro picado, 1 tallo de apio picado, 1 bulbo pequeño de hinojo picado y 2 dientes enteros de ajo en un poco de aceite de oliva por 10 minutos. Agregue las espinas de pescado (y las cabezas) y 300 mililitros de vino blanco seco, y cocine hasta que se evapore el vino. Cubra con 3 litros de agua fría y agregue un ramillete de hierbas frescas (un atadito con una hoja de laurel, un ramito de tomillo fresco y un poco de perejil), 1 limón pequeño rebanado y unos cuantos granos de pimienta blanca. Haga hervir, quitando bien la nata, y deje hervir por sólo 20 minutos; no más, o el caldo se volverá amargo. Enfríe para que se asienten los sólidos, luego pase por un colador forrado de manta de cielo. Esto se puede guardar hasta por 3 días en el refrigerador o se puede congelar. Hace 2.5 litros.

Court Bouillon

Úselo para escalfar langostas y pescados enteros. Se puede usar hasta tres veces, colando cada vez.

Simplemente ponga todos estos ingredientes en una olla grande: 2 poros picados, 3 zanahorias picadas, 3 cebollas picadas, 2 tallos de apio picados, 2 bulbos de hinojo picados y 4 dientes de ajo muy grandes (sin pelar). Cubra con alrededor de 3 litros de agua fría y agregue un ramito grande cada uno de: tomillo fresco, perejil, albahaca y estragón, más 1 cucharada de sal marina, 2 limones rebanados, 4 anises estrella y 300 mililitros de vino blanco seco. Deje hervir a fuego lento por 30 minutos. Cuele por un colador forrado con manta de cielo. Se puede guardar hasta por 5 días en el refrigerador o congelar. Hace alrededor de 1.5 litros.

Vinagreta clásica

Tiene muchos usos aparte de aderezar ensaladas.

Bata 200 mililitros de aceite de oliva extra virgen y 200 de aceite de cacahuate con 1 cucharadita de sal marina fina, ¼ cucharadita de pimienta negra molida, el jugo de 1 limón, 50 mililitros de vinagre de vino blanco y 50 mililitros de vinagre de jerez. Guarde en un tarro grande con tapa de rosca y agítelo para volver a emulsionar antes de usar. Prepara alrededor de 500 mililitros.

Mayonesa

Bata 2 yemas de huevo de rancho, 1 cucharadita de vinagre de vino blanco, 1 cucharadita de polvo de mostaza inglesa y un poco de sal y pimienta en un recipiente. (Coloque el recipiente sobre un trapo húmedo para que no se mueva). Tenga a un lado 300 mililitros de aceite de cacahuate, o mitad aceite de cacahuate y mitad aceite de oliva ligero; deje caer un chorrito de aceite de una cucharita y bata bien hasta que se mezcle. Repita una y otra vez, gradualmente agregando un toque de aceite a la vez, siempre asegurándose de que la cantidad anterior esté bien mezclada antes de agregar más. Gradualmente aumente la cantidad de

aceite que agrega conforme la mezcla se vuelva más espesa y cremosa. Cuando todo el aceite esté mezclado, con un batidor de mano agregue 2 cucharadas de agua fría. Revise la sazón. Se puede guardar en un contenedor sellado por una semana en el refrigerador. Prepara 300 mililitros.

Chutney de durazno

Si puede, utilice duraznos de pulpa blanca para este *chutney*. Si no los tiene, los duraznos amarillos bastan. Compre la mitad de los duraznos ligeramente verdes y un poco firmes, y el resto bastante maduros y llenos de sabor. El *chutney* también queda bien de pera, chabacano y hasta mango.

Lave y deshuese 1 kilo de duraznos frescos, después pique en pequeños pedazos tamaño mordida. (Si utiliza una mezcla de duraznos ligeramente verdes y muy maduros, ponga los muy maduros a un lado para agregar después). Ponga los duraznos en una cazuela grande o cazuela para mermeladas y agregue 1 manzana mediana para cocinar (pelada, sin corazón y picada finamente), 250 gramos de jitomates (sin piel y picados), 1 cebolla finamente picada, 2 dientes gruesos de ajo machacado, 2 cucharadas de raíz de jengibre fresco rallado, ralladura y jugo de 2 limones, 300 gramos de azúcar, 1 cucharada de sal marina, 1 cucharadita de canela molida, 1½ cucharadita de nuez moscada fresca rallada, 1½ cucharadita de pimienta blanca molida, 300 mililitros de vinagre de vino blanco y 125 gramos de almendras en hojuelas. Haga hervir lentamente, removiendo hasta que todo el azúcar se disuelva. Agregue los duraznos maduros (si los está usando), vuelva a poner a hervir y siga cocinando por 10 minutos más. La mezcla deberá tener la consistencia de un jarabe, mien-

tras que los duraznos más verdes todavía guardan un poco de textura.

Mientras el *chutney* burbujea felizmente, lave y seque dos tarros de mermelada (de unos 450 gramos de tamaño) y colóquelos en un horno caliente para que se calienten y esterilicen. Vierta el *chutney* en los frascos, coloque discos de papel encerado encima y cierre las roscas. Deje enfriar, después etiquete y guarde. El *chutney* se guardará bien sin abrir por varios meses; una vez abierto, guarde en el refrigerador. Hace como un kilo.

Confit de pambazos

Lave 400 gramos de pambazos frescos y seque bien con una toalla de papel. Quite los tallos y corte en cubitos. Corte los sombreritos en cubitos también. Caliente 2 cucharadas de aceite de oliva en un sartén grande y rápidamente saltee los pambazos hasta que estén ligeramente dorados. Quite del fuego. Caliente 200 gramos de grasa de ganso a la menor temperatura posible, preferiblemente menos de 100ºC. Agregue un ramito de tomillo fresco y los pambazos, removiendo. Cocine muy lentamente por unos 15 minutos, después deje enfriar en la grasa. Transfiera a un tarro limpio y guarde en el refrigerador hasta que lo necesite.

Duraznillos en escabeche

Puede guardar éstos en un tarro en el refrigerador y usarlos de muchas formas distintas, como lo haría con las alcaparras o los *relishes* con trozos.

Recorte las bases de unos 300 gramos de duraznillos pequeños invernales. Lave para quitar la tierra, después seque con palmaditas, usando una toalla de papel. Prepare 300 mililitros de Vinagreta Clásica (vea a la izquierda) y haga hervir en una cazuela. Cuando hierva, agregue los duraznillos. Haga hervir otra vez, después quite del fuego y deje macerar hasta que enfríe. Guarde en un contenedor de vidrio en el refrigerador y use antes de 10 días.

Jarabe de almíbar

Yo condimento mis jarabes de almíbar de varias formas; puede encontrar que una o dos tiras de ralladura de limón le sirvan para usos generales, pero puede incluir un trozo de canela, un pedazo de té de limón o hasta un par de anises estrella.

Lentamente disuelva 250 gramos de azúcar blanca finísima en medio litro de agua. Cuando esté transparente, agregue el condimento y deje hervir a fuego lento por 5 minutos, después enfríe. El jarabe de almíbar se guardará bien en el refrigerador por un mes; después de eso, vale la pena volver a hervirlo. Prepara 700 mililitros.

Pasta de hojaldre

La pasta de hojaldre comprada puede ser conveniente y esponjarse bien de forma pareja, pero no hay como el sabor casero a mantequilla que se derrite en la boca. Prepare una cantidad grande y congele en bloques de uso fácil.

Divida 500 gramos de mantequilla fría en 450 y 50 gramos. Haga lo mismo con 500 gramos de harina blanca cernida con $\frac{1}{4}$ cucharadita de sal. Corte los 450 gramos de mantequilla en cubitos pequeños y mezcle con los 50 gramos de harina (haga esto en un procesador de alimentos si puede). Con una cuchara coloque en una hoja grande de plástico autoadherible y moldee en un rectángulo grande de unos 14 x 20 centímetros. Intente mantener las orillas parejas, pues le ayudará más adelante. Reserve.

Frote los 50 gramos de mantequilla en los 450 gramos de harina. (Es mejor hacer esto en un procesador de alimentos).

Rocíe una cucharadita de jugo de limón fresco y suficiente agua helada como para que la mezcla forme una masa. Esto puede tomar hasta 300 mililitros de agua, agregada de forma gradual. Amase suavemente hasta tener una masa homogénea. Estire sobre una tabla ligeramente enharinada hasta tener un rectángulo de 25 x 35 centímetros, manteniendo las orillas uniformes y derechas y con esquinas parejas. Coloque el rectángulo de mantequilla a un lado y doble la otra mitad de la pasta para encerrarla. Presione las orillas para sellar.

Estire la pasta con cuidado hasta que esté tres veces más larga que ancha. Asegúrese de que la mantequilla no atraviese la masa. Ahora doble el tercio de arriba hacia abajo y doble el tercio de abajo encima del anterior, como una cobija. Gire la masa un cuarto de vuelta y vuelva a estirar, espolvoreando ligeramente con harina conforme sea necesario. Vuelva a doblar en tres y envuelva en película autoadherible. Enfríe para que repose por 20 minutos, después repita la acción de estirar y doblar dos veces más. Trate de acordarse de hacer todos los dobleces y giros en la misma dirección. Divida la pasta en dos o tres porciones, según las requiera, y envuelva en película autoadherible. Use una parte y congele la otra. Prepara 1.2 kilos.

Crème anglaise

Si nunca antes ha preparado una natilla cremosa y dulce, es posible que quiera tener a la mano un recipiente grande de agua helada, para poder sumergir la base de la cazuela y enfriarla rápidamente. Otro consejo útil es usar un termómetro de azúcar o termómetro de lectura instantánea para revisar si la natilla ya se cocinó lo suficiente; la temperatura debe estar en 82ºC.

Corte una vaina de vainilla en dos y con la punta de un cuchillo saque las semillitas. Ponga 250 mililitros de leche y la misma cantidad de crema para batir en una cazuela de base pesada y agregue las semillas, removiendo. También añada la vaina. Caliente hasta que el líquido comience a elevarse en la cazuela, después quite del fuego y deje a macerar por 10 minutos. Mientras tanto ponga 6 yemas de huevo de rancho y 90 gramos de azúcar blanca muy fina en un recipiente grande colocado sobre un trapo húmedo (para mantenerlo estable) y bata con un batidor globo hasta que esté cremoso y de color dorado pálido. Quite la vaina de vainilla de la leche macerada y después vuelva a hervir. Vierta pequeñas cantidades sobre el azúcar y las yemas, batiendo muy bien. Cuando la mezcla esté homogénea, vuelva a colocar en la cazuela a la menor temperatura posible. Remueva con una cuchara de palo por unos 2 minutos hasta que la mezcla comience a espesar y forme una capa sobre la cuchara. No sobrecaliente o se cortará. Cuele, cubra y deje enfriar, removiendo ocasionalmente para evitar que se forme una nata. Prepara 600 mililitros.

Helado de tomillo

Caliente 250 mililitros de leche cremosa y 250 de crema para batir en una cazuela grande hasta que el líquido comience a levantarse por las orillas. Removiendo, agregue las hojas y flores de tres ramitos de tomillo fresco y deje enfriar.

Coloque 6 yemas de huevo de rancho y 90 gramos de azúcar blanca muy fina en un recipiente grande, colocado sobre un trapo húmedo para mantenerlo estable. Con un batidor eléctrico a mano, bata la mezcla hasta que se vuelva espesa y cremosa. Vuelva a calentar la mezcla de crema y leche y, cuando el líquido vuelva a subir, vierta la mezcla de yemas mientras bate con el batidor en velocidad lenta. Bata hasta que esté homogéneo. Cuele el líquido al sartén pasándolo por un colador (deseche el tomillo). En el fuego más bajo posible, remueva con una cuchara de palo hasta que la mezcla se espese y forme una capa en la parte de atrás de la cuchara. No permita que se caliente de más o seguramente se cortará y se volverá granulosa. Enfríe la natilla, mezclando ocasionalmente para evitar que se forme una nata encima. (Idealmente, enfríe rápidamente colocando la cazuela en un recipiente de agua fría). Bata en una máquina eléctrica para hacer helados, hasta que la mezcla se vuelva espesa y medio congelada. Con una cuchara, sirva en un contenedor de plástico y congele por unas cuantas horas, después sirva como bolas de helado. Nosotros usamos dos cucharitas para hacer *quenelles*, pero quizás encuentre más fácil una pala con forma de bola. 4 porciones.

Sorbete de *fromage blanc*

Agridulce y blanco puro, éste es un limpiador de paladar muy refrescante o un acompañamiento ligero para budines dulces y con mucha mantequilla. Queda mejor en una máquina eléctrica de helados que lo bata hasta obtener una consistencia cremosa. Los granos de pimienta le dan un intrigante acento especiado.

Haga hervir 350 mililitros de Jarabe de Almíbar (página 214) con 4 granos de pimienta negra, después enfríe y refrigere. Quite los granos de pimienta y agregue el jugo de 1 limón. Batiendo con un batidor globo, agregue 400 gramos de *fromage frais* de 8% grasa, después bata en la máquina eléctrica de helados hasta que quede cremosa. Coloque en un contenedor y congele hasta que esté firme. Sirva en bolas o *quenelles* o, si quiere, raspe con una cuchara de metal. 6 porciones.

Sorbete de limón

Haga hervir 600 mililitros de agua. Agregue 250 gramos de azúcar blanca hasta que se disuelva, después deje hervir a fuego lento por 5 minutos. Quite del fuego y agregue la ralladura de 1 limón y el jugo de 3 limones. Enfríe, después cuele y refrigere. Bata en una máquina de helados para obtener una textura suave y helada, después sirva en un contenedor y congele. Unos 10 minutos antes de servir, saque del congelador y suavice a temperatura ambiente. 6 porciones.

Tuiles de coco

Son unas de nuestras galletas más populares y las servimos con todo tipo de postres. Las hacemos pequeñas y delicadas, pero quizás prefiera una porción más generosa.

Muela 40 gramos de coco seco tan finamente como pueda en un procesador de alimentos. Añada 40 gramos de azúcar glas y 15 gramos de harina blanca y vuelva a licuar hasta combinar. Agregue 1 clara de huevo de rancho y 1 cucharada de mantequilla derretida, y licue hasta obtener una pasta espesa y líquida. Caliente el horno a 180ºC. Coloque de 4 a 6 cucharaditas de la mezcla de coco sobre una charola para hornear forrada con papel estrella o un forro de silicón para cocina. Con una espátula pequeña remojada en agua fría, extienda la mezcla de forma pareja y delgada en pequeños círculos. Hornee por unos 7 minutos hasta que estén firmes, pero no dorados. Saque del horno, espere alrededor de un minuto, después coloque cada una sobre una rejilla de metal para enfriar y que quede crujiente. Repita con el resto de la mezcla. Si las galletas se endurecen antes de quitarlas de la charola, simplemente vuelva a poner en el horno unos segundos para suavizar. Si quiere formas curvas, como tejas (*tuiles*), entonces envuelva las galletas calientes sobre un rodillo y deje enfriar. Para preparar 12 galletas (o 24 muy diminutas).

Confit de naranja y limón

Caliente 200 mililitros de Jarabe de Almíbar (página 214) hasta que hierva. Mientras tanto, rebane 1 naranja grande sin semilla y 1 limón en discos parejos de 3 milímetros, con todo y cáscara. Deje caer las rebanadas de fruta en el almíbar hirviendo, después quite del fuego y deje enfriar. Use las rebanadas de *confit* conforme las necesite; se pueden guardar en el refrigerador hasta por un mes en un contenedor tapado. Cuando desaparezcan todas las rebanadas de *confit*, vuelva a hervir el jarabe (tendrá el aroma a limón y naranja) y reutilice.

Praliné

Caliente el horno a 180ºC. Caliente 120 gramos de hojuelas de almendras en el horno por 10 minutos. Mientras tanto, derrita 160 gramos de azúcar blanca muy fina en una cazuela con un chorrito de agua hasta que esté transparente, removiendo una o dos veces. Agregue un chorrito de jugo de limón, suba la temperatura y cocine hasta obtener un color ligero a caramelo. Añada las almendras, removiendo, después vierta sobre una charola plana para hornear, forrada con papel encerado antiadherente. Deje enfriar y endurecer. Machaque en trozos con un rodillo, después muela hasta obtener migajas muy finas en un procesador de alimentos. Guarde en un tarro con taparrosca y use conforme lo necesite; el praliné es una deliciosa cubierta para un *sundae* de helado. Para preparar 280 gramos.

1

Para preparar alcachofas globo

Sólo usamos el 'corazón' de la alcachofa globo, esa carnosa base que encierran las hojas toscas y que está protegida por una cubierta de pelusa.

Una vez que corte el tallo de la alcachofa (1), pele las hojas exteriores toscas con sus dedos (2). Después, con un cuchillo filoso pequeño, pele alrededor de la base de la alcachofa para quitar las hojas que quedan (3). Recorte las hojas interiores, que tienen un color crema y púrpura, cortando directamente sobre el corazón carnosos (4). Voltee el corazón de un lado y, con un cuchillo de cocina más grande, haga un corte recto hacia abajo para recortar las fibras finas del centro (5). Finalmente, con la punta de una cucharita firme, saque la base del centro fibroso (6) para que sólo quede el corazón. Éste se puede cortar en triángulos o en rebanadas gruesas (7) que después se pueden cortar en circulitos.

2

3

4

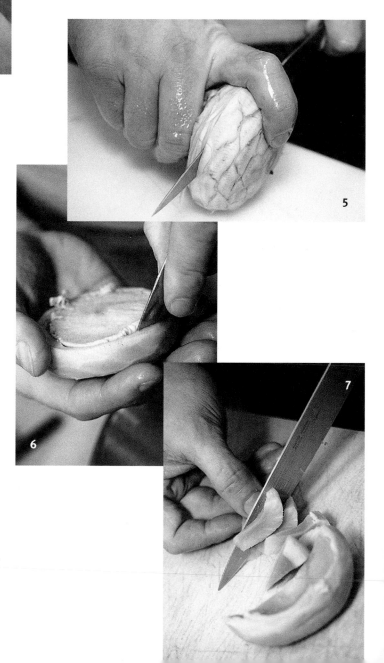

5

6

7

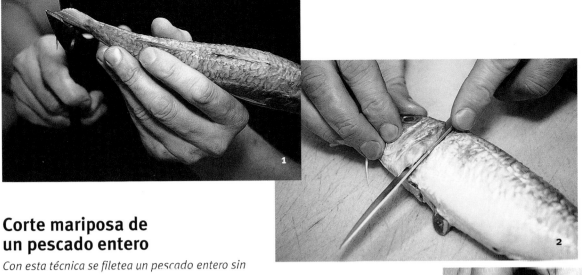

Corte mariposa de un pescado entero

Con esta técnica se filetea un pescado entero sin cortarlo en dos mitades. Aquí le hice un corte mariposa a un salmonete (el cual se usa en la receta para Salmonetes baby con chucrut y ruibarbo en la página 184), pero cualquier pescado pequeño se puede preparar de la misma manera. Es vital un cuchillo para filetear muy filoso que tenga una cuchilla delgada y flexible, para poder hacer cortes limpios sin partir la piel del pescado.

Primero, quite las escamas del pescado, si es que el pesca dero no lo hizo antes. El salmonete tiene escamas suaves que se pueden jalar con los dedos (nosotros hacemos esto sosteniendo el pescado dentro de una bolsa de basura para que las escamas no vuelen por todos lados). Después recorte la cola y las aletas del cuerpo principal con tijeras de cocina (1). Corte la cabeza justo arriba de las branquias y deseche (2). Rebane la panza y saque las vísceras, después enjuague bien el pescado con agua corriente fría, pasando su dedo índice a lo largo de la línea de sangre para asegurarse de que toda se vaya con el agua. Comenzando de un lado del pescado y utilizando la punta del cuchillo para filetear, suavemente corte las espinas de la carne, haciendo movimientos contra las espinas como si los rasurara, mientras jala la carne que va quitando con su otra mano (3). Trabaje así hasta llegar al cuerpo principal del pescado, parando cuando llegue a la parte de arriba y la espina. No debe cortar la piel. Repita esto del otro lado, sacando poco a poco el 'esqueleto'. Recorte el esqueleto para separarlo con tijeras (4), pero deje la cola pegada al pescado fileteado. Finalmente recorte las orillas del pescado con corte mariposa para quitar las espinas pequeñas (5) y pase las puntas de sus dedos sobre la carne para asegurarse de que no queden más espinas.

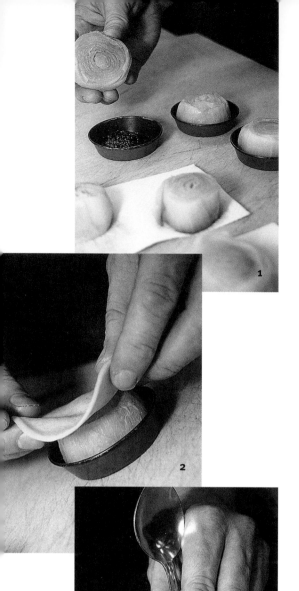

Para hacer tartas de endivia

Estas bonitas tartitas se utilizan en la receta para Pato de Gressinham con Tartas de Endivia en la página 190 y son una versión salada de la tarte Tatin. Hay tres elementos: un caramelo condimentado con vinagre balsámico, la base de una endivia y un disco de pasta de hojaldre.

Prepare el caramelo y vierta en todos los moldes. Corte cada endivia para que quede una base rechoncha, como de unos 3 centímetros de altura. (Las puntas se pueden utilizar en ensaladas). Coloque una base de endivia, con la parte más amplia hacia abajo, en cada molde para que quede bien sumergida en el caramelo (1). Coloque un disco de pasta encima (2) y meta bien alrededor de la endivia usando la base de una cucharita (3). Después de hornear, voltee las tartas en un plato. Para aumentar el atractivo efecto de una rosa, separe ligeramente las hojas con el mango de la cuchara (4).

Cortar los granos de maíz dulce de la mazorca

Los granos de elote dulce son deliciosamente tiernos y jugosos cuando están muy frescos. Cuando es temporada de maíz dulce, me gusta cortar los granos para usarlos en un platillo como el Risotto de Maíz Dulce y Cebollitas (página 68). Los granos también son buenísimos si se le antoja picar algo, ¡y tienen menos grasa que los cacahuates!

Después de quitar las hojas verdes y los sedosos hilos dorados, corte la punta del elote. Pare el elote sobre una tabla de madera, cortando con la punta hacia abajo y con un ligero ángulo. Sostenga la mazorca firmemente por el tallo. Con un cuchillo de cocina filoso, corte en una línea recta por el elote para quitar los granos en una línea. Es probable que salten por todos lados, así que trabaje lenta y cuidadosamente. Después de cada corte, voltee ligeramente la mazorca. Repita hasta liberar todos los granos dulces y jugosos. (Lo que queda de la mazorca se puede usar en un *nage* de verdura).

Para hacer abanicos de hinojo

Para esto hay que recortar, pelar y partir mucho, pero en realidad la técnica es bastante simple y el resultado final, muy atractivo. Los sirvo en un platillo de Salmonete con Hinojo Glaseado con Naranja y Aderezo de Pesto (página 136).

Primero, recorte los tallos y las frondas (1); todo eso lo puede usar para otros platillos, o puede usar las frondas de guarnición. Vale la pena pelar ligeramente los segmentos exteriores del hinojo para que queden más tiernos, así que corte las costillas externas con un cuchillo filoso y pequeño (2). Pare el hinojo recortado y pelado sobre una tabla y corte firmemente a la mitad (3). Con un cuchillo pequeño, saque la base de cada uno con una forma de 'V' pareja (4), pero mantenga intacto el lado de la raíz para que las capas de hinojo se mantengan juntas. Después de brasear en un caldo con mantequilla hasta que queden tiernas, transfiera las mitades de hinojo a una tabla, colocándolas con el lado cortado hacia abajo. Con la punta de un cuchillo de cocina, corte cada mitad de forma pareja (5), dejando el lado de la raíz sin cortar para dejar junto el 'abanico'. Levante las mitades de hinojo y coloque sobre platos calientes con una espátula, y suavemente presione la pulpa cortada para separar y abrir el abanico (6).

Para hacer ñoquis

Los ñoquis de papa siempre son divertidos y fáciles de preparar, y quedan deliciosos con una ensalada tibia de chícharos y habas (página 24) o conejo cocido lentamente en grasa de ganso (página 145). Las papas deben estar bastante secas, así que las puede hornear o secarlas en el horno después de hervirlas.

Mezcle la papa machacada con harina, huevo y los otros ingredientes hasta tener una masa firme pero suave, y después divida en bolas del tamaño de una manzana pequeña. Sobre una tabla ligeramente enharinada, estire cada bola en una forma de habano, como de unos 25 centímetros de largo (1). Aplane ligeramente el 'habano' hasta obtener una forma ovalada. Usando el lado romo del cuchillo o un cuchillo de cocina, corte a lo ancho en tiras de 3 centímetros, cortando ligeramente en diagonal (2). Esto le dará a los ñoquis sus características orillas pellizcadas. Cocine los ñoquis tan pronto como los corte, para que no se sequen.

Para hacer *steak tartare*

Para un steak tartare *perfecto debe tener res de rancho de la mejor calidad y la mejor colgada. La mía es escocesa, por supuesto, la mejor que hay a la venta. La carne se debe cortar sólo una vez para que retenga consistencia y un sabor limpio; si se pica de forma agresiva o, peor aún, se muele, se destroza la carne y a la vez su calidad comestible, haciendo que sepa 'cocinada'. Mi receta para* steak tartare *está en la página 197.*

Primero recorte cualquier vestigio de grasa del filete, después corte en rebanadas delgadas (1). Corte cada rebanada en tiras delgadas (2). Junte un par de tiras y córtelas a lo ancho en cubos diminutos, diminutos (3). Transfiera la carne finamente picada a un recipiente metálico, colocado dentro de un recipiente más grande con agua helada (4), para que se enfríe rápidamente. Para terminar, mezcle todos los ingredientes para condimentar y moldee en forma de tortitas.

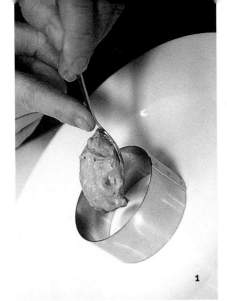

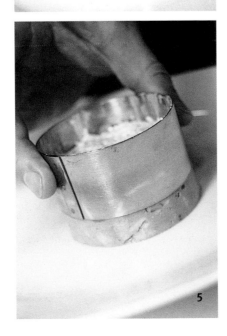

Para hacer torres

Ésta es una técnica de presentación muy simple que proporciona un acabado atractivo y profesional. Se puede usar para todo tipo de platillos, desde risottos cremosos y espesos purés de tubérculos hasta capas de verduras con filetes de pescado encima o pedazos uniformes de carne. Aquí estoy haciendo las capas para el coctel de cangrejo que se sirve en la Sopa de Pimiento y Jitomate en la página 64. Necesita un aro metálico profundo y de lados rectos, como un molde de galletas simple.

Coloque el molde en medio del plato o plato sopero y con una cuchara coloque la primera capa adentro, en este caso el aguacate machacado (1). Con la parte de atrás de la cuchara, extienda para que quede parejo (2). Después agregue la siguiente capa —la de ensalada de cangrejo— (3) y presione suavemente (4). Termine con un charco de salsa coctelera. Aguante la respiración, levante el molde suavemente y quítelo (5). Límpielo bien y comience con el siguiente plato.

Índice temático

Agradecimientos (de la edición original)

Un libro de esta calidad no se hace de la noche a la mañana, aunque el equipo de Quadrille mostró una eficiencia y habilidad impresionante para garantizar que se cumpliera con las fechas límite. Estoy absolutamente impactado por la calidad de su trabajo. Así que un gran agradecimiento a todos los involucrados: a Roz Denny, por su quieta determinación y astucia para que me apegara (aproximadamente) al calendario y por sus formas ingeniosas de extraer información; Mark Sargeant, miembro indispensable de mi equipo, por trabajar conmigo en las sesiones fotográficas, sacrificando su fines de semana de ciclismo (no hay mayor amor que el de un *sous chef* por su patrón); Georgia Glynn Smith, siempre impresionante y tranquila, con el ojo derecho más nítido del negocio, por producir verdadero arte que me ha dejado sin aliento; Helen Lewis por su diseño inteligente y claro y por asegurarse de que llegara a tiempo a las sesiones de fotos de los sábados; Norma MacMillan por ser tan minuciosa y profesional, y por su manera sutilmente persuasiva de garantizar que todo sucediera cuando debía; y Anne Furniss, de Quadrille, por su entusiasmo y fe en mí.

Pero quizás mis agradecimientos más grandes deben ir a las dos mujeres más importantes de mi vida: a mi asistente personal, Carla Pastorino, quien de forma suave pero firme controla e influye en cada aspecto de mi vida laboral; y a mi esposa dulce y sexy, Tana. Su tolerancia me permitió trabajar los sábados cuando había prometido estar en casa y ayudar con la pequeña Megan y los niños. A cambio, prometo comenzar a cocinar almuerzos para ella y nuestros hijos los domingos, apenas tengan la edad para sentarse a la mesa.